novum premium

WOLFGANG SCHULZ

DIE ZERBROCHENE GEIGE

Kindheit und frühe Jugend in Österreich
der Kriegs- und Nachkriegszeit:
Szenen und Erinnerungen

novum premium

Bibliografische Information
der Deutschen Nationalbibliothek:

Die Deutsche Nationalbibliothek
verzeichnet diese Publikation in
der Deutschen Nationalbibliografie.
Detaillierte bibliografische Daten
sind im Internet über
http://www.d-nb.de abrufbar.

Gedruckt in der Europäischen Union
auf umweltfreundlichem, chlor- und
säurefrei gebleichtem Papier.

ISBN 978-3-99130-469-2
Lektorat: Falk-M. Elbers
Umschlagfoto:
Bogdan Steblyanko | Dreamstime.com
Umschlaggestaltung, Layout & Satz:
novum Verlag
Innenabbildungen: Wolfgang Schulz

Die vom Autor zur Verfügung gestellten Abbildungen wurden in der bestmöglichen Qualität gedruckt.

www.novumverlag.com

Druckprodukt mit finanziellem
Klimabeitrag
ClimatePartner.com/16547-2311-1001

Inhaltsverzeichnis

Teil B

Teil C

Vorwort

Erinnerungen an die Kindheit sind eine „subjektive Wahrheit“, in der Gedächtnislücken oft durch plausible Verbindungsstücke ersetzt werden. Auch die zeitliche Folge der Ereignisse ist manchmal schwer zu rekonstruieren und kann oft nur mit Wohnsitzveränderungen einigermaßen sicher bestimmt werden. Wenn ich in meinem Bekanntenkreis über meine Kindheit gesprochen habe, bin ich öfters kritisiert worden, dass meine Eltern in den Erzählungen ziemlich schlecht wegkommen würden. Und ich würde auch meine Jahre im Internat, die Lehrer und ihre Erziehungspraktiken, zu kritisch sehen. Ich versuche hier alles so darzustellen, wie ich es erlebt habe, ohne Beschönigungen. Es sind Erinnerungen mit ihren Emotionen. Die „schrecklichen“ Geschichten bleiben auch besser im Gedächtnis, obwohl ich hier ebenfalls über positive Begebenheiten und Erlebnisse berichte.

Wahrscheinlich schreibe ich diese Episoden heute für mich auf, um sie aus Distanz betrachten zu können. Vielleicht sind die Episoden aber auch ein Trost für diejenigen, die Ähnliches erlebt haben, sei es, dass Probleme in der Erziehung dominierten oder dass die Lebensbedingungen ähnlich restriktiv waren, wie ich es im Krieg und in der Nachkriegszeit erlebt habe. Ich habe in dieser Zeit (1942–1952) trotzdem eine sehr interessante und glückliche Kindheit erlebt, da wir, während der Kriegszeit auf dem Land lebend, vom Krieg nicht so viel mitbekommen haben. Tatsächlich habe ich eine weitgehend freie Kindheit erlebt, mit relativ wenig Kontrolle durch Erwachsene und mit einem heute kaum mehr vorstellbaren intensiven Kontakt mit der Natur.

So sind meine Erinnerungen an diese Zeit des Landlebens aus heutiger Sicht wahrscheinlich teils kaum nachvollziehbar. Sie sind deshalb recht ausführlich geschildert, weil sie auf der einen Seite von einem intensiven Naturerleben geprägt sind, man könnte es nachgerade als „Idylle" eines ländlichen Aufwachsens bezeichnen, und doch auf der anderen Seite ebenso von (heute wohl unvorstellbaren) grausamen und manchmal beängstigenden Ereignissen des Lebensalltags. Sicherlich ist das damalige Niveau medizinischer und technischer Versorgung im bäuerlichen Leben ein Aspekt davon, aber auch die Konventionen dieser Zeit.

Ich bin 1940 in Wien geboren, die Erinnerungen an meine Kindheit beziehen sich frühestens auf das Jahr 1942. Bis zur Volksschulzeit (Herbst 1946) verbrachte ich die Kriegszeit und das Kriegsende in der Ortschaft Zirking bzw. Oberzirking (Oberösterreich) bei meinen Großeltern. Da der kleine Bauernhof in Zirking in großer Nähe zum Konzentrationslager Mauthausen lag, ist diese Zeit ein herausragender Teil meiner Erinnerungen. So nehmen die Jahre 1942–45 einen sehr wichtigen Raum ein (Abschnitt A).

Ein weiterer Abschnitt bezieht sich auf Ereignisse nach dem Kriegsende in Zirking. Ab der Schulzeit in Wien (Herbst 1946) war ich nur mehr in den Sommermonaten, im „langen Sommer" der Schulferien, in Zirking (Teil B). Nach dem Verkauf unserer kleinen Landwirtschaft (etwa 1952) wurde Wien dann zu meinem Lebensschwerpunkt (Teil C und D).

Da mein Vater seine bzw. unsere Wohnung verloren hatte, wohnten wir kurze Zeit zur Untermiete, danach in einer sehr kleinen Wohnung (Lenaugasse, achter Bezirk). Meiner Mutter gelang mit dem Anteil aus dem Verkauf des kleinen Bauernhofs in Zirking und etwas geborgtem Geld von ihrer in Griechenland lebenden Schwester der Ankauf einer relativ großen bürgerlichen Wohnung, ebenfalls im achten Bezirk. Obwohl das Haus sehr alt war (etwa 250 Jahre, namens „Zum goldenen Schwan" in der Lange Gasse), war es doch sehr solid gebaut, mit dicken Ziegelmauern und hohen Räumen.

Meine Kindheit endete endgültig mit dem Besuch der fünften Klasse des Realgymnasiums in einem Internat, der Neulandschule in Wien Laaerberg, im Jahr 1955. Die folgenden, für mich unvergesslichen Erfahrungen des Internatslebens – mit grausamen, heute unvorstellbaren Begebenheiten – sind in Teil E aufgezeichnet.

Abbildung 1: Oberösterreich: Zirking und Mauthausen

Teil A

Vor Kriegsende, hauptsächlich in Zirking, 1942–1945

Mutter will nicht Mutter sein

In meiner Erinnerung an die früheste Kindheit gab es in Wien eine helle, bürgerliche Wohnung. In einem der großen Zimmer stand eine „Gehschule", in der ich viel Zeit verbrachte, die ich aber nicht mochte, weil ich dort meist allein war und mich eingesperrt fühlte. Mein Vater war in der frühen Kindheit faktisch nicht vorhanden, da er „eingerückt", d. h. im Kriegsdienst war. Vater stammte aus Rottenschachen (heute Rapsach/Tschechische Republik) in der Nähe von Gmünd. Nach dem Krieg wurde ihm seine Parteimitgliedschaft zum Verhängnis, die Wohnung wurde ihm – obwohl sie nicht arisiert war – weggenommen und wir wurden im selben Haus als Untermieter einquartiert (1945). Größere Ersparnisse waren nicht da, sodass unsere Familie von 1945 bis 1951 immer ein Wohnungsproblem hatte. Es war zu beengt und ärmlich, wir wohnten in Untermiete, dann in einer Substandardwohnung (Zimmer und Küche). Erst später, 1951, gelang meiner Mutter der Erwerb einer Wohnung mit vier Zimmern. Dort hatten wir erstmals mehr Platz. Meine Mutter, geborene Leitner, aus Zirking bei Ried in der Riedmark stammend, war die Jüngste ihrer drei Schwestern und drei Brüder. Sie machte in Linz ihre Ausbildung zur diplomierten Krankenschwester. Meinen Vater lernte sie in Wien kennen; er arbeitete als Volksschullehrer, wechselte aber später aus gesundheitlichen Gründen zur Gemeinde Wien, wo er zuletzt als Oberamtsrat tätig war.

Von den Kriegsereignissen in Wien habe ich nicht viel erlebt, da sich meine Eltern entschlossen hatten, dass Mutter mit mir zu den Großeltern aufs Land ziehen sollte; dort werde vermutlich nicht gekämpft werden und auf dem Land gäbe es auch immer etwas zu essen. Der Krieg war daher der Hauptgrund dafür, dass ich meine frühe Kindheit weitgehend in der Natur und ohne Aufsicht verbringen konnte. Die Angst vor den Luftangriffen dürfte ich aber doch mitbekommen haben. In meinen Träumen (bis in die Mittelschulzeit) tauchten oft dröhnende, brummende Flugobjekte, fliegende Plattformen auf, vor denen man sich in Sicherheit bringen musste. Ich kann nur vermuten, dass ich noch als Kleinkind mit meiner Mutter bei Fliegeralarm in Kellern Schutz gesucht habe (etwa 1944) und dabei von den Explosionen und Bombenabwürfen einiges mitbekommen habe. Ich habe aber keine deutlichen Erinnerungen an diese Zeit. Meine Mutter hat mir jedoch später davon erzählt.

Vermutlich war es 1941/42, als meine Mutter mit mir am Donaukanal, nicht weit von der Liechtensteinstraße entfernt (die nahe zum Ring und zur Donaukanallände liegt), einen Ausflug unternahm. Ich war in einem kleinen Kinderwagen angeschnallt, den meine Mutter das „Sportwagerl" nannte. An den Ort kann ich mich noch genau erinnern, da ich dort später oft vorbeikam. Links war der Donaukanal und rechts die U-Bahn, die damals noch Stadtbahn genannt wurde. Mutter stellte den Wagen vor einen Busch und erklärte, sie würde jetzt weggehen, aber bald wieder zurückkommen. Ich war nicht sonderlich beunruhigt, da ich längere Abwesenheiten meiner Mutter gewohnt war. Plötzlich tauchte Mutter in der Ferne wieder auf, sie benahm sich aber sonderbar. Sie tat so, als würde sie sich an mich anschleichen. Endlich war sie bei mir angelangt, hatte aber ihr Gesicht sonderbar verzerrt. Als ich „Mutti" sagte, antwortete sie: „Ich bin nicht die Mutti, sondern ich bin die Hexe." Ihr Gesicht war dabei verzerrt und ich wusste nicht, was mit ihr los war. Ich sagte wieder: „Nein, du bist die Mutti!" Und Sie sagte wieder: „Nein, ich bin die böse Hexe." So ging das eine Weile hin und her, bis ich schließlich zu weinen begann – ich zweifelte nicht daran, dass sie die Mutti sei, aber ich konnte ihr Verhalten nicht verstehen. Die Szene fand schließlich ein Ende und der Tag war wieder normal.

Es gab noch andere seltsame Ereignisse, die ich als Kind nicht deuten konnte. So versteckte sie sich eines Tages auf einer Wanderung in einem Wasserschacht, schloss den Deckel über sich und blieb auch ganz stumm, sodass ich mir Sorgen machte und rief: „Komm doch wieder heraus." Das dauerte aber eine Weile.

Die für mich schwerwiegendste Szene bot meine Mutter einmal, als sie auf dem Fußweg über eine der Donaubrücken in der Mitte des Stromes stehenblieb und auf die Wirbel und Strudel der Brückenpfeiler deutend sagte: „Wenn du nicht gewesen wärst, hätte ich mich da hineingestürzt, so unglücklich war ich." Ich war noch sehr klein damals, was sollte ich darauf sagen? Sollte ich sagen „Ich bin dir dankbar, dass du dich nicht umgebracht hast". Diese Formulierung hätte ich als Zweijähriger wohl nicht zustande gebracht, aber ich erinnere mich, dass ich die Äußerung der Mutter mit Missfallen zur Kenntnis genommen habe, in dem Sinn: „Das Leben ist doch interessant, man will doch leben." Ich habe jedenfalls verstanden: Mutter ist ein anderer Mensch als ich, sie nimmt vieles zu schwer. Was konkret so schwer war für sie, habe ich erst viel später herausgekriegt: Vater hatte schon vor der Ehe mit Mutter eine Liebesbeziehung mit einer seiner Kusinen, von dieser Beziehung hat er sich nur schwer gelöst. Für meine Mutter war dies sicher eine große Belastung.

Bei den Eltern meines Vaters

Vermutlich wollte Mutter nicht mit mir allein in Wien wohnen. Mein Vater war beim Bodenpersonal eines Flugplatzes in der heutigen tschechischen Republik. Er war zweisprachig (deutsch, tschechisch), da er aus Rottenschachen, dem heutigen Rapsach, nahe bei Gmünd stammte. Bis zum Ersten Weltkrieg war seine Heimat die Monarchie, nach dem Ersten Weltkrieg beanspruchte die Tschechoslowakei den Eisenbahnknotenpunkt bei Gmünd. Dieser wurde tschechisch wie auch der Geburtsort Rottenschachen, wo die Eltern meines Vaters ein großes

Wirtshaus mit Kegelbahn hatten. Auch eine Mühle, die Schulz-Mühle, gehörte der Familie. Mit Hitlers Annexion der Tschechoslowakei wurde Rottenschachen wieder „deutsch“, nach dem Verlust des Zweiten Weltkriegs wieder tschechisch. Mein Vater und seine Geschwister gingen nach Österreich, vor allem nach Wien, die Eltern und eine Kusine blieben in der ČSSR. Mein Vater, der die Lehrerbildungsanstalt in Wiener Neustadt absolviert hatte, unterrichtete in Wien, auch an einer tschechischen Schule. Der Ausgang des Zweiten Weltkriegs bedeutete für meinen Vater, dass er seine betagten Eltern nicht besuchen konnte, weil er Angst hatte, aufgrund seiner früheren Mitgliedschaft bei der NSDAP inhaftiert zu werden. Als Lehrer in einer deutsch-tschechischen Grenzregion war es für ihn damals praktisch unmöglich gewesen, nicht der Partei beizutreten, auch wenn er mit der „Hitlerei“ nicht sympathisierte. Zudem war der ehemals sudetendeutsche Raum (Pilsen, Karlsbad, Marienbad, Brünn) seine eigentliche Kulturheimat, in der er sich bewegte. Kein einziges Mal nach dem Krieg konnte er seine alte Heimat besuchen.

Ich war vermutlich zwei Jahre alt (1942), als ich mit Vater und Mutter nach Rottenschachen fuhr. Meine Kusine Daniele – damals ein junges Mädchen – betreute mich ganz wunderbar. Das war vor allem wichtig für mich, weil ich mit anderen Kindern am Badeplatz nicht sprechen konnte (sie sprachen tschechisch). Die Beziehung zu Daniele blieb noch lange bestehen, sie war mit einem tschechischen Bankdirektor verheiratet und beide haben uns in Wien oft besucht. Daniele hatte einen Sohn, Libor (oder Liborek), mit dem ich lange Zeit guten Kontakt hatte. Als Daniele starb, ließ Libor ein volles Jahr verstreichen, bis er sich entschloss, seine überaus geliebte Mutter zu beerdigen. Zum Begräbnis in Budweis (Budjevice) waren nur vier Personen anwesend: Libor, sein Freund, der als Priester das Begräbnis mit den üblichen Gebeten durchführte, dann ich und meine Frau. Es war das seltsamste Begräbnis, an dem ich jemals teilgenommen habe. Libor hatte sich von einem schlanken, hübschen jungen Mann innerhalb eines Jahres in eine hochgradig adipöse menschliche Tonne verwandelt. Er konnte nicht mehr als fünfzig Meter gehen, ohne rasten zu müssen. Seither hat Libor auch den Kontakt mit uns komplett abgebrochen. Es war der letzte Kontakt mit der Herkunftsfamilie meines Vaters.

Abbildung 2: Der Autor mit einer Verwandten bei Rottenschachen/Rapsach (heute tschechische Republik), 1942

Bei den Eltern meiner Mutter

Über die Herkunft meines Großvaters weiß ich fast nichts. Er trug einen typisch österreichischen Namen: Leitner (= der an der Leiten wohnende) und hat meine Großmutter, eine sehr fleißige und arbeitsame Frau (Josephine) aus der Bauernfamilie Bleiner (aus Gutau im Mühlviertel stammend) geheiratet. Mit Großmutter hatte er vier Töchter (Poldi, Annemarie, Gretel und Hilde, meine Mutter; eine Tochter ist mit zwölf Jahren gestorben) und drei Söhne (Albert, Sepp und Franz). Die Zahl der Geburten war damals noch hoch, Familienplanung war fremd und widersprach den religiösen Lehren.

Mein Großvater war ein kleiner Bauunternehmer, u. a. hat er für Kaiser Franz Josef eine Straße in Ischl gebaut, er erhielt als Anerkennungsgeschenk einen Keramik-Zierteller der Wiener Werkstätten. Der Zierteller ist über die Familienerbschaften letztlich an mich gegangen und hängt heute noch bei mir im Wohnzimmer. Auf der Rückseite ist das Schreiben des kaiserlichen Rats D. J. Schreiber, datiert mit 20.01.1906, angeklebt: „Herr Josef Leitner hat den Bau einer zu unserem Besitz führenden Straße übernommen; hat nach gründlichem Studium der Terrainverhältnisse die zweckmäßigste Route herausgefunden ... hat mir im Verlauf vieler Wochen auch nicht ein einziges Mal Veranlassung zur Klage gegeben ... Es ist ein Vergnügen, mit einem so tüchtigen, verlässlichen, und rechtschaffenen Bau-Unternehmer zusammengearbeitet zu haben." Josef Leitner war es möglich, von seinen Verdiensten ein kleines Bauernhaus mit ein paar Joch Grund zu erwerben. Das war immerhin genug, um die Großeltern, meine Mutter mit zwei Kindern und Tante Poldi, eine in Griechenland verheiratete Schwester meiner Mutter, durch die wirtschaftlich schwere Kriegszeit zu bringen. Später wohnte dann auch Tante Luise, die Freundin und spätere Frau von Onkel Albert, einem Bruder meiner Mutter, in Zirking.

Offenbar war ich schon im Winter 1942 bei den Großeltern. Mein Lieblingsplatz im Wohnzimmer war die Ecke des Esstisches, daran erinnere ich mich noch deutlich. Der Wärmespender im Wohnzimmer war ein großer Küchenofen, den meine Großmutter von früh bis abends in Betrieb hielt. Wenn es dunkel wurde, kam entweder Tante Poldi oder Mutter zum Tisch, um den Glaszylinder der Petroleumlampe zu putzen und die Lampe anzuzünden. Dann dauerte es nicht mehr lange bis zum Abendessen. Großvater saß fast immer auf einer großen Couch, mit seinen drei leise schnurrenden Katzen auf seinen Beinen oder eng neben ihm. Offenbar liebten die Katzen die Wärme des Großvaters genauso wie Großvater die Wärme der Katzen.

Abbildung 3: Großeltern (mütterlicherseits) vor ihrem Haus in Zirking, Mai 1934 (rechts stehend)

Der Teufel als Krampus zu Besuch

Eines Abends, es war schon vorher eine gewisse Spannung zu spüren, läutete es vor der Türe. Ein weißhaariger Mann in einem roten Samtmantel und mit einer goldverzierten Bischofsmütze trat in den Raum. Das sei der heilige Nikolaus, hieß es.

Vom Krampus als seinem Begleiter hatte ich schon gehört, und als der Krampus Anstalten machte, mich in seine Butte zu stellen, um mich mitzunehmen, kam bei mir etwas Angst auf. Noch hielt sich diese in Grenzen, denn ich hatte schon genug Erfahrungen mit den Spielen der Erwachsenen, die Kindern Angst zu machen beabsichtigten. Plötzlich sah ich die Beine vom Krampus. Er hatte einen normalen menschlichen Fuß, aber das zweite Bein war unzweifelhaft der Fuß eines Ziegenbocks, mir Haaren und einer gespaltenen Klaue, wie sie Ziegen nun einmal haben. Für mich war das der eindeutige Beweis, dass es sich um den Teufel handeln müsse, denn nur der hatte einen Ziegenfuß. Es kam zu Verhandlungen zwischen Nikolo, dem Teufel, Mutter und Tante; bis es dann aber klar war, dass ich doch nicht mitgenommen werde, hatte ich große Angst. Erst viel später habe ich die Erklärung für den Ziegenfuß herausgefunden: ein einbeiniger Kriegsinvalide hat sich den Ziegenfuß am Beinstumpf anbringen lassen, um für Kinder echt zu wirken.

Der erste Frühlingstag, den ich erlebe

Nach einem langen, kalten Winter und vielen Regentagen war es eines Tages wärmer, die Sonne schien kräftig. Es ist möglich, dass ich in diesem Winter einige Zeit krank gewesen bin; ich war als Kind oft krank und hatte fast alle Kinderkrankheiten, die es gibt, von Diphtherie über Kinderpocken und Mumps bis zu Röteln, Keuchhusten und entzündeten Mandeln und anderes. Ich verließ das Haus und ging um die Ecke, an der Sitzbank des Großvaters vorbei in den Obstgarten und auf die Wiese. Es war vielleicht mein erster bewusster Ausflug in meinem Leben. Ich konnte noch nicht schnell gehen, aber die Farben der vielen Blumen leuchteten und sagten: Schau uns an, wir sind das Schönste auf der Welt, bewundere uns! Ich hatte wirklich noch nie so eine Pracht gesehen und stand staunend vor diesem Wunder. Es gab gelbe, rote, blaue und weiße Blüten. Sie bewegten sich leicht, ich wollte sie nicht einmal berühren und sie nur in ihrer Schönheit betrachten. Dieses Erlebnis war für mich so stark und prägend, dass ich mich noch heute daran erinnere, als ob es erst gestern gewesen wäre. Es tauchten dann auch ganz bestimmte, bedeutungsvolle Gedanken auf: „Dies ist ein Teil meiner Welt, die ich ja noch gar nicht richtig kenne. Ich teile diese Welt mit den vielen kleinen Lebewesen, die sich auch darin bewegen." Erst allmählich lernte ich die Namen der Pflanzen und Tiere kennen. Vieles verstand ich auch nicht gleich, z. B. dass an einem unserer Birnbäume gleich drei verschiedene Arten von Birnen wuchsen, dass es wichtig war, Heidelbeeren von Tollkirschen zu unterscheiden oder den Wiesenchampignon vom weißen Knollenblätterpilz, oder dass die Früchte der Kartoffelpflanze giftig sind. Auch die Unterscheidung von Taub- und Brennnesseln erwies sich als sehr nützlich, wenn man den ganzen Tag barfuß unterwegs war. Hänsel und Gretel heißt eine Pflanze, auf deren Stängel eine blaue und eine rosa Blüte sitzt. Vielleicht gefiel mir die so gut, weil ich gerne eine Schwester gehabt hätte.

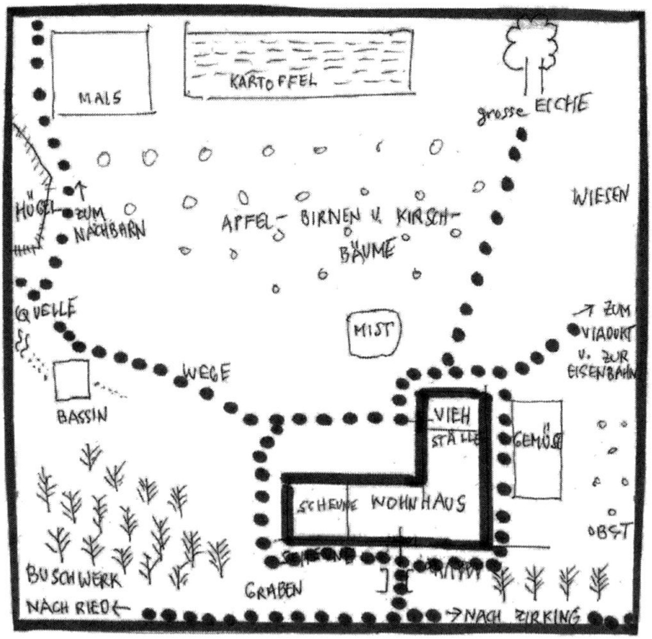

Abbildung 4: Meine Welt – Haus und Umgebung in Zirking (Skizze des Autors)

Ins Bett gehen, das Biki-Baki und der Polsterzipf

Diese Geschichte betrifft die frühe Kindheit bei den Großeltern und würde Psychoanalytikern gefallen. Ins Bett gehen zu müssen hieß, sich waschen zu lassen, die Zähne zu putzen und dann durch das Schlafzimmer der Großeltern gehen und die steile Treppe in die Dachbodenkammer hinaufklettern, wo ich, meine Mutter und später mein jüngerer Bruder Helmut schliefen. Mutter brachte mich „zu Bett“ ging dann aber zu den anderen Erwachsenen hinunter, wo noch eine Weile gesprochen und gescherzt wurde.

Kaum war ich allein, nahm ich die Daunenbettdecke in den Mund, durchfeuchtete eine Stelle, um dann eine neue Stelle zu suchen. Nach einer Weile lutschte ich wieder die alte Stelle ab, die aber jetzt einen anderen, attraktiveren Geschmack hatte. Nach einer Weile beschäftigte ich mich wieder mit der schon vorher gelutschten Stelle, und so ging es weiter, zwischen den zwei oder drei Stellen wechselnd. Mutter fand den Grund für die nassen Flecken in der Bettdecke heraus, sie nannte mein Verhalten „Biki-Baki“ und verbot mir das: „Dass du mir nicht wieder Biki-Baki machst!“ Inzwischen war aber Biki-Baki zu einer festen Gewohnheit beim Einschlafen geworden, auf die ich nicht mehr verzichten wollte. Es hat sicher einige Jahre gedauert, bis ich mich von Biki-Baki völlig gelöst hatte.

Eine andere Attraktivität hatten die harten Polsterzipfel, die ich zwischen den Fingern bewegte. Das dabei entstehende Lustgefühl wollte ich nicht missen und in relativ kurzer Zeit hatte ich alle Polsterzipfel ruiniert, d. h. durchgewetzt. Scharfe Kanten oder Endstücke von Plastikschnüren waren lange attraktiv für mich, es war angenehm, mit den Fingerkuppen darüber zu fahren, es ist daraus aber kein Dauerverhalten geworden.

Eine andere Vergnügung gewann mit den Jahren an Bedeutung: der Traum. Anfangs dominierten allerdings Angstträume. Meist ging es um das Davonlaufen vor einem Verfolger (Drache, Krieger, Totengerippe, Saurier) oder einer Verfolgerin (Hexe, alte Frau, weiblicher Dämon). Dabei wurde man beim Davonlaufen immer schwächer und langsamer, bis man schließlich eingeholt wurde. Den Konfrontationen entging ich dann meistens, indem ich die Gegner überzeugte, dass ich sie mochte und ihr Freund sein wollte. Das hat die Periode der Angstträume deutlich entschärft, umso mehr, als ich eine neue Waffe in meinen Träumen anwenden konnte: Ich wusste plötzlich im Traum, dass ich träumte, und ich entdeckte auch, wie ich aus dem Traum wieder in die Wirklichkeit (d.h. ins eigene Bett im eigenen Schlafzimmer) komme. Es war ganz einfach: Ich verdrehte die Augen ganz stark, dann war ich wach. Das funktionierte fast immer, aber manchmal auch nicht. Einmal hatte ich einen Verfolgungstraum – eine große Lokomotive schnaufte hinter mir her –, ich verdrehte die Augen und fühlte mich in meinem Bett, in meinem Schlafzimmer. Endlich war der Albtraum vorbei! Da hörte ich ein Geräusch vor der Türe. Kommt Mutter herein? Die Türe öffnet sich und die Lokomotive kommt durch die Türe und stürzt sich auf mich. Ich wache auf, ich befinde mich in meinem Bett im Schlafzimmer. Ich bin skeptisch und betaste mich, offenbar bin ich wach, brauche aber noch eine Weile, um es wirklich glauben zu können.

Die Anwendung des „bewussten Träumens“(luzides Träumen genannt) führte zu interessanten Ergebnissen: In meinem Traum fand ich das Auto, das ich immer haben wollte, und konnte auch damit fahren, ohne jemals eine Fahrschule besucht zu haben. Doch das Fahren mit den Autos blieb ein eingeschränktes Vergnügen: Fast jedes Mal, wenn ich mein Auto irgendwo parkte oder verließ, konnte ich es nicht mehr finden, oder wenn es da war, dann hatte es sich in eine Blechkiste ohne Motor, manchmal auch ohne Lenkrad verwandelt. Ein anderer Traum: Ich besuchte eine Frau, die mehrere attraktive Töchter in ihrer Wohnung bei sich hatte. Dieser Kontakt mit den Mädchen war für mich etwas Besonderes (ein Traum, der in der Pubertät an Bedeutung gewann). Oder der Traum, dass ich fliegen konnte: Mitkurzem Anlauf und Armbewegungen konnte ich starten und dann erstaunlich weite Distanzen zurücklegen. Auch der Sprung von einem Berggipfel oder einem Hochhaus endete nicht tödlich, sondern in einer Flugphase. Doch das Fliegen hatte seine Grenzen: ich musste auf jeden Fall vermeiden, in einen Raum zu fliegen oder zu niedrig, denn dann war es mit dem Fliegen rasch vorbei – und ich kam nicht wieder hoch.

Die Wunschwelt des Traums erweiterte sich, sodass ich sogar in Fortsetzungen träumen konnte, die Vorstellung vom letzten Traum führte beim Einschlafen gleich in eine weitere Folge. Ich produzierte sozusagen mein Heim- und Wunschkino. Irgendeinmal jedoch verschwand meine Fähigkeit, Träume quasi zu programmieren. Ich weiß nicht warum, vielleicht ist meine Tagesrealität interessanter geworden.

Der Keller, das Auge Gottes und das Auge des Teufels

Der Eingang zum Haus war durch eine massive Eingangstüre (sicher 15 cm dickes Holz) gesichert, die durch ein massives Eisenschloss mit einem sehr großen Schlüssel versperrt werden konnte und dazu auch noch mit einem schweren Holzriegel versehen, der in der Mauer verankert war und in der Nacht vorgeschoben wurde. Hinter diesem Eingangsbollwerk befand sich ein kleiner Vorraum, von dem man in das Wohnzimmer ging oder in das Zimmer der ältesten Schwester meiner Mutter, der Tante Poldi, kam. diesem Vorraum befand sich zudem eine kleine Falltür, durch die man über eine Leiter in einen kleinen Kellerraum steigen konnte (vom ganzen Haus war nur dieser Vorraum unterkellert). Er enthielt vor allem einige Mostfässer. Der Most war ein gemischter Apfel-Birnen-

Most, den wir selbst produzierten. Schon als Kind habe ich an allen Phasen der Most-Produktion teilgenommen; wenn es die Gelegenheit gibt, mache ich dies noch heute. Ich erinnere mich daran, dass sich der Nachbarbauer von uns einmal Most erbeten hat, weil er mit seinen Vorräten bei der Ernte nicht auskam. Es war üblich, den Schnittern genügend Most auf das Feld mitzugeben, die Arbeit war anstrengend, da noch mit der Sense geschnitten wurde. Wir hatten also immer Most, und im Keller stand auch ein Fass mit Sauerkraut. Vor allem in den Kriegswintern gab es oft Kartoffeln und Sauerkraut. Gehungert hat bei uns nie jemand, wir hatten auch Hühner, Hasen und eine Ziege.

Jeder, der in den Keller ging, nahm eine Petroleumlampe oder eine Kerze mit. Elektrizität gab es noch keine im Haus und im Keller war es bei geschlossener Falltür und ohne Lampe völlig finster. Die vollständige Dunkelheit war uns Kindern unangenehm, weil wir wussten, dass im Keller auch Insekten lebten, die wir nicht mochten: verschiedene Arten von Spinnen, manchmal eine Kreuzspinne, den Weberknecht mit seinen langen Beinen mochten wir auch nicht, dazu noch die Mauerasseln und den Ohrwurm. Wenn man die Falltür zuwarf und darauf saß war es für eine Person im Keller unmöglich, herauszukommen. Natürlich praktizierten Helmut und ich das Gegenseitig-Einsperren, so oft sich die Gelegenheit bot. Aber meine Mutter spielte auf ihre Art auch mit: Sie drohte, mich mehrere Stunden im Keller einzusperren, als Strafe, weil ich nicht folgsam war. Dazu sagte sie noch: Wenn gar kein Licht in den Keller fällt, kann dich Gott nicht sehen, nur der Teufel sieht dich und der holt dich dann. Das habe ich ihr nicht geglaubt – das Einsperren in den Keller schon, das wäre unangenehm genug gewesen. Ich habe mir außerdem gedacht, wenn der Teufel auch im Finsteren sieht, hat er bessere Augen als Gott, so wie die Katze, die auch im Dunklen sehen kann. Man sollte es sich mit dem Teufel deshalb nicht ganz verscherzen.

Abbildung 5: Großeltern und ihre Töchter, Zirking 1943

Helmut ist da

Mutter war einige Tage weg von zu Hause, im Spital in Mauthausen. Nein, sie sei nicht krank, ich bekäme nur ein Geschwister. Mehr sagte man mir nicht. Gerne hätte ich eine Schwester gehabt und ich wünschte mir auch eine. Dazu fällt mir ein, wie ich zum ersten Mal, als Kind, verliebt war: Ich war in ein kleines Mädchen verliebt, das bei einer Straßenbahnhaltestelle stand, wo sie vielleicht auf ihre Eltern gewartet hat. Ich hätte sie gerne angesprochen, aber das war natürlich nicht möglich, denn sie war nur eine Figur in einem Kinderbuch über Wien. Ich habe das Buch noch heute, aber dieses Mädchen im Buch lässt sich nicht wiederfinden, die Figuren sahen später anders aus als in meiner Phantasie.

Der Fußmarsch nach Mauthausen ins Spital war lang und beschwerlich. Endlich durften wir das Zimmer von Mutter betreten. Mutter sagte zu mir „Er heißt Helmut“ und sie zeigte auf ein Neugeborenes, in Tücher gewickelt. Die Enttäuschung war groß. Ich hatte Tränen in den Augen und musste schlucken.

Wir, ich glaube Tante Poldi hat mich begleitet, mussten Mutters Zimmer bald wieder verlassen. Auf dem Heimweg blieb ich schweigsam, man sagte damals „verstockt“, Tante Poldi verstand mich nicht. Letztlich war ich froh, wieder zu Hause zu sein.

Meine negative Erwartungshaltung wurde in der Folge bestätigt: Mutter hatte weniger Zeit für mich und verlangte einiges von mir. So sollte ich mir die Schuhbänder plötzlich selbst binden. Das konnte ich nicht, auch die Lernversuche schlugen fehl und ich kam mir richtig dumm vor. Ich spielte gern mit Bauklötzen und baute Häuser und Brücken. Wenn sich Mutter mit Helmut danebensetzte, fand es Helmut besonders aufregend, meine Türme zu zerstören. Das fand öfters statt, ich beklagte mich bei Mutter, sie lachte aber und nahm meine Klagen nicht ernst.

Später wurde mein Verhältnis zum Bruder besser, weil wir mehr gemeinsam unternahmen. Trotzdem hatte ich das Gefühl, Helmut werde von Mutter bevorzugt. Tatsächlich war sie manchmal meinem Empfinden nach sadistisch zu mir. Hinter dem Haus stand ein kleiner Kirschbaum mit sehr guten Herzkirschen. Im Alter von viereinhalb oder fünf Jahren war ich noch nicht in der Lage, diesen Baum zu erklettern, weil die untersten Äste für mich zu hoch waren. Mutter erkletterte mit Helmut, den sie mit einer Hand hielt, den Baum, und beide begannen genüsslich Kirschen zu essen. Ich bekam später auch Kirschen, aber für mich war das eine Hintansetzung. Vielleicht bin ich deswegen später ein ganz guter Felskletterer geworden und habe viele schwierige Touren geführt. Helmut hat das Felsklettern später nie so intensiv betrieben wie ich, obwohl er viel in den Bergen war. Sein favorisierter Sport war das Wildwasserfahren.

Ziege sucht Ziegenbock

Irgendeinmal äußerte Großmutter den Wunsch, ihre Ziege sollte Nachwuchs haben, dann hätten wir neben den Hasen und den Hühnern auch einmal eine Ziege zum Essen. Wir brauchten also einen Ziegenbock für den Nachwuchs. Ziegenböcke sind nicht leicht zu finden. Sie werden nicht gern gehalten, weil sie keine Milch geben, stark stinken und außerdem sehr launisch und angriffslustig sind. Mit ihren spitzen Hörnern können sie auch gefährliche Wunden verursachen. Immerhin erhielten wir eine Adresse von einem sehr einsam gelegenen Bauernhaus in der Nähe des Soldatenfriedhofes aus dem Ersten Weltkrieg, irgendwo zwischen Zirking und Mauthausen.

Ich sollte Mutter begleiten und unsere Ziege dorthin bringen. Wir nahmen die Ziege an eine Leine, die am Halsband festgemacht war. Der Marsch zu unserem Zielort war problemlos, Mutter und ich wechselten uns beim Halten der Leine ab. Als wir in die Nähe des Soldatenfriedhofes kamen, dürfte die Ziege den Bock bereits gerochen haben, denn sie wurde unruhig und begann stark an der Leine zu ziehen. Plötzlich machte sie einen Sprung, entriss mir die Leine und galoppierte davon. Ich war vorerst erschrocken, da wir die Ziege völlig aus den Augen verloren. Mutter beruhigte mich und erklärte mir, wir würden die Ziege beim Ziegenbock finden, wo wir ja hinwollten. Der Bauer erwartete uns bereits und teilte uns mit, die Ziege wäre beim Bock und alles sei in Ordnung.

Ich hätte dem Zusammentreffen von unserer Ziege mit dem Bock gerne zugeschaut, da mich das wilde Davonlaufen der Ziege, die sonst ein ganz liebes, gutmütiges Tier war, einigermaßen erstaunte. Mutter aber wollte das nicht. Nach einiger Zeit brachte der Bauer die Ziege, Mutter zahlte etwas und wir gingen mit unserer Ziege wieder nach Hause. Als ich später einmal den Kühen auf der Weide zusah, wie der Stier sie besprang, verstand ich, warum Mutter mich nicht zuschauen lassen wollte. An eine direkte Vergleichbarkeit mit menschlichem Verhalten habe ich dabei aber nicht gedacht. Später dann hat unsere Ziege Nachwuchs bekommen.

Mann sucht Frau, findet sie nicht

Beziehungskatastrophen habe ich als Kind wahrgenommen und mitempfunden. Ich sah, wie die Betroffenen gelitten haben. Eines Tages erschien ein Mann bei uns und fragte nach Annemarie, einer Schwester meiner Mutter. Großmutter kannte den Mann, es war der Ehemann von Annemarie. Er war Arzt, sie war Krankenschwester. Er sagte, sie sei weggegangen, aber er wüsste nicht wohin und er mache sich Sorgen um sie. Ich kann mich erinnern, er ist traurig auf der Bank beim großen Esstisch gesessen und hat fast geweint. Wir haben versucht, ihn zu trösten. Nach einiger Zeit ist er weggegangen, wir haben ihn nie mehr gesehen. Später haben wir gehört, dass es eine Scheidung gegeben hat.

Annemarie hat dann einen Mann geheiratet, der zwar nur einen Arm hatte, den anderen hatte er schon kurz nach Kriegsbeginn verloren, aber er war ein unternehmungslustiger Mann, der sogar kurz nach dem Krieg mit einem Motorrad und Tante Annemarie am Sozius nach Spanien gefahren ist. Seine Geschichte, wie er den Arm verloren hat, hat er uns Kindern gerne erzählt und wir waren stets sehr beeindruckt von seiner Erzählung. Eine Granate hat ihn und einen Kameraden schwer verletzt. Er musste sich den Arm selbst abbinden, weil er sonst verblutet sei. Er habe beschlossen, selbst zum Verbandsplatz zurückzulaufen, sein Kollege wollte aber auf einen Sanitäter warten. Beim Laufen durch die Latschen (niedriges Krummholz) sei er immer wieder mit dem herabhängenden Arm hängen geblieben und gestürzt. Da habe er sich den herunterhängenden Arm am eigenen Oberkörper mit einer großen Sicherheitsnadel festgemacht und habe so den Verbandsplatz erreicht, wo der Oberarm amputiert wurde. So habe er überlebt, sein Kamerad hingegen sei gestorben. Diese Geschichte hat uns als Kinder sehr beeindruckt, weil sie uns zeigte, wie man sich selbst aus lebensgefährlichen Situationen retten kann.

Die vorherige Ehegeschichte von Annemarie war nicht die einzige Beziehungskatastrophe, die ich als Kind miterleben durfte. Eines Tages kam ein Mann zu uns und fragte nach Gretel, der anderen Schwester meiner Mutter. Es war der Lebensgefährte von Gretel, der nach ihr suchte. Auch diese Geschichte ging nicht anders aus als die vorige. Alle vier Schwestern waren sehr hübsche Frauen und ihre Männer – einschließlich meinem Vater – waren sehr eifersüchtig.

Tante Gretel, die ich auch sehr gern hatte – ich habe sie noch knapp vor ihrem Tod im Altersheim besucht – und auch Onkel Albert waren die „Bühnentauglichsten" der Leitner-Familie. Sie waren beide sehr charmant und konnten andere von sich überzeugen. Tante Gretel gab nach dem Krieg viele Gesangsabende, in Kärnten vor allem vor amerikanischen Soldaten; sie hat auch bei uns zu Hause immer etwas vorgesungen. In der heutigen Medienlandschaft wären wahrscheinlich beide gut bekannte Figuren gewesen.

Mutters Neugierde und unsere Wanderung durch das Konzentrationslager Mauthausen

Wenn ich heute jemandem erzähle, dass ich 1943 oder 1944 durch das KZ-Mauthausen gegangen bin und dort die Gefangenen arbeiten gesehen habe, glaubt mir das fast niemand. Meine Verwandten haben über das Vorgehen meiner Mutter den Kopf geschüttelt und meine Mutter gerügt, dass sie so etwas riskiert hat. Es war so: Eines Tages waren wir wieder einmal zum Einkaufen in Mauthausen. Da musste man zuerst von unserem Haus nach Zirking hinuntergehen – etwa eine viertel Stunde – und dann war es noch eine gute halbe Stunde nach Mauthausen. Manchmal hatten wir auch einen kleinen „Leiterwagen" mit, in den ich mich, vor allem wenn die Straße ein wenig abwärts ging, hineinsetzen durfte. Mutter hat den Wagen dann gezogen. Diesmal waren wir ohne Leiterwagen unterwegs. In Mauthausen gingen wir auch immer zu einem alten Schloss, dessen Fundamente in der Donau standen. Die starke Strömung erzeugt dort große Wirbel, vor denen ich großen Respekt hatte. So ein Wirbel würde einen Schwimmer bis zum Grund hinunterziehen. Außer dem Donauufer dicht am Ort war Mauthausen für mich als Kind nicht besonders interessant. Da nahm mich Mutter bei der Hand und sagte, wir müssten durch das „Lager" gehen, denn ihre Kusine in Ried sei erkrankt, und der Weg durch das Lager sei der kürzeste Weg zu ihr. Wir gingen an das Ende von Mauthausen bei den Steinbrüchen. Dort war ein Eingang zum Lager. Mutter brachte ihren Wunsch vor und nach ein paar Diskussionen genehmigte man ihr den Durchgang durch den dem Lager angeschlossenen Steinbruch. Zur Begleitung bzw. Kontrolle gab man uns einen mit einer Maschinenpistole bewaffneten Posten mit. Der Weg führte an den Steinbrüchen entlang zu zwei tiefen, kleinen Teichen. Im Gelände daneben arbeiteten Gruppen von Gefangenen. Dies wusste ich sofort, weil sie gestreifte Hosen und Jacken trugen, wie es bei Strafgefangenen üblich war. Sie hatten Schaufeln und Krampen in den Händen, und als sie uns sahen, stellten sie ihre Arbeit ein und schauten auf uns. Alle waren sehr mager. Ich habe später noch lange über ihre Blicke nachgedacht. Welche Gefühle löst der Anblick einer jungen Frau mit einem kleinen Kind aus, wenn man vielleicht selbst schon Jahre in einem Lager verbracht hat und seine eigene Familie schon eine Ewigkeit nicht mehr gesehen hat? Für solche Gedanken war ich aber damals zu klein und es war auch keine Zeit dafür. Mutter zog plötzlich einen länglichen Brotlaib („Brotwecken") aus ihrem Kleid und warf diesen zwischen die Gefangenen. Ich kann mich noch an das freudige Gesicht des Mannes erinnern, der das Brot aufhob. Dann herrschte der Posten meine Mutter an „weitergehen" und zu den Gefangenen sagte er „weiter arbeiten". Meine Mutter fischte noch einige Päckchen Zigaretten aus ihrer Kleidung und warf sie zu den Häftlingen. Der Posten drängte auf Eile. Dann gingen wir an einer langen, auffallenden Stiege vorbei. Auch dort wurden Steine geschleppt. Dass diese Stiege später „Todesstiege" genannt wurde, habe ich erst erfahren, als das KZ-Mauthausen zur Gedächtnisstätte wurde. Wenn man diese Stiege hinaufgeht, kommt man erst in den eigentlichen Lagerbereich, in dem wir damals natürlich nicht gewesen sind. Vom Ausgang des Steinbruches gingen wir weiter nach Ried. Meine Mutter, die auf Ausflügen meist viel erklärte und kommentierte, war auffallend ruhig und schweigsam. Heute meine ich, dass ein Teil ihrer Neugierde gestillt war. Sie hatte sicher auch viele Fragen, auf die es damals keine Antwort gab.

Die Jagd nach dem Kitz mit dem durchgeschnittenen Hals

Die lebenden Tiere in unserem Haus mussten natürlich auch einmal getötet werden, wenn man sie essen wollte. Mit den Hühnern war es offensichtlich einfach. Großmutter, obwohl schon alt und nicht mehr so beweglich, hatte einen sehr einfachen Zugang zu den Hühnern. Da sie die Hühner jeden Tag fütterte und auch für jedes Huhn einen Namen hatte, waren die Hühner sehr zutraulich und ließen sich von Großmutter mit der Hand nehmen. Dann ging Großmutter mit ihnen zum Hackstock und hackte ihnen den Kopf ab. Nach dem Ausbluten des Huhns wurde es dann gleich gerupft und ausgenommen. Einmal jedoch schlug Großmutter daneben und der kräftige Hahn, den sie köpfen wollte, riss sich los und flog mit halb abgehacktem Kopf noch über das Dach, wobei er eine ansehnliche Blutspur hinterließ. Auf der anderen Seite des Hauses angekommen, war nicht mehr sehr viel Leben in ihm.

Noch weniger als dieses Ereignis gefiel mir der misslungene Versuch, unserem Kitzlein mit einem Messer den Hals aufzuschneiden. Diesmal war Onkel Albert der ungeschickte Täter. Das Kitz riss sich, nachdem es schon einen tiefen Schnitt im Hals hatte, los und rannte über die Wiese davon, Onkel Albert, Tante Luise und meine Mutter liefen hinterher. Nach einiger Zeit der Verfolgung wurde das Kitz schwächer und konnte wieder eingefangen werden. Dann wurde es geschlachtet. Ich kann mich noch gut an dieses Ereignis erinnern und auch an den Geschmack des Fleisches, den ich bis heute nicht mag.

Die Tötung von Tieren habe ich als Kind öfters erlebt, ein Abscheu war meinerseits immer dabei. Ich konnte es nur schwer hinnehmen, dass man einem Tier das Leben nimmt, da ich ja oft gesehen habe, dass auch Tiere Freude an ihrem Leben haben. Über die Indianer habe ich als Kind schon gelesen, dass sie sich bei den Büffeln entschuldigen, bevor sie ihnen das Leben nehmen, sogar bei Bäumen tun sie das, bevor sie einen Baum fällen.

Großvater hat jährlich den Katzennachwuchs getötet, indem er die frisch geborenen Katzen so lange auf den Boden warf, bis sie sich nicht mehr bewegten. Manchmal ließ er der Katzenmutter ein Katzenkind, dann hatten wir in der Folge zwei Katzen. Die Trauer der Katze um ihre nicht auffindbaren Kinder war nicht zu übersehen. Die vergebliche Suche nach ihren Kindern machte mich traurig.

Zum Alltag gehörte auch das Töten von Insekten, die als Feinde oder als gefährlich eingestuft wurden. In die „Wohnungen" der Erdwespen oder Erdbienen wurde Benzin gegossen und angezündet. Die großen Wespen oder Hornissenkobel in den Scheunen konnten nur bei vollständiger Vermummung bekämpft werden. Das war Arbeit der Erwachsenen, Kindern wurde geraten, sich bei solchen Aktionen fernzuhalten. Wespen werden sehr aggressiv, wenn man ihre Wohnstätten angreift. Sie verfolgen jemanden, der wegläuft, noch ziemlich lange. Ein oder zwei Stiche habe ich dabei öfters abbekommen.

Die Franzosen fressen Schnecken

Eines Tages erschien eine Gruppe von Häftlingen, es waren vier Personen, mit zwei bewaffneten Soldaten, um Bäume und Sträucher, die im Graben vor unserem Haus wuchsen, zu fällen. Der Graben gehörte zum Grund des Nachbarbauern. Nachdem die Häftlinge den ganzen Vormittag gearbeitet hatten, ersuchten sie meine Großmutter um eine Bratpfanne, damit sie die Weinbergschnecken, von denen es im Graben sehr viele gab, braten könnten. Offenbar hatten sie für ihr Vorhaben die Zustimmung ihrer Wächter eingeholt. Großmutter gab ihnen eine eiserne Pfanne, ein großes Stück Butter und einen Salzstreuer zum Braten und für jeden noch eine Scheibe Schwarzbrot, was in dieser Zeit durchaus keine Selbstverständlichkeit war. Die Häftlinge sprachen französisch miteinander, konnten sich aber in deutscher Sprache verständlich machen. Es wurde ein Feuer angezündet, die Schnecken wurden gebraten und verzehrt. Ich war fasziniert von dem ganzen Vorgang. Einer der Posten sagte, während die Häftlinge aßen: „Na schau, die Franzosen fressen Schnecken."

Ich verstand schon, dass dieses Mittagessen keine Selbstverständlichkeit war, und dachte mir, wenn die Häftlinge Schnecken essen, bekommen sie im Lager sicher nicht genug. Ich wusste damals nicht, dass Weinbergschnecken zu den köstlichen Happen der französischen Küche gehören (erst zwanzig Jahre später habe ich auch in Paris Schnecken gegessen). Nach dem Essen wurde noch etwa zwei Stunden gearbeitet, dann machte sich die Gruppe auf den „Heimweg" zum Lager. Wir diskutierten in der Familie am Abend über das Ereignis, Mutter hielt die Gefangenen für politische Gefangene, vermutlich „Kommunisten", die von den Deutschen gefangen genommen worden sind.

Es gab einmal einen Ausbruch von Gefangenen aus dem Lager. Die Gefangenen hatten nasse Decken über die elektrisch geladenen Stacheldrahtzäune geworfen und versuchten dann, in der Gegend Verstecke zu finden. Die Bauernbevölkerung im Mühlviertel war aber zum großen Teil nicht hilfsbereit, viele aus Überzeugung, manche vielleicht auch aus Furcht, dafür haftbar gemacht zu werden. Ich erinnere mich noch, dass eine Gruppe deutscher Soldaten auch unser Haus durchsuchte. Sie stießen in die Heuhaufen auf dem Dachboden mit dem Bajonett hinein – das hat mir meine Tante erzählt, die gerade dabei war. Da wir uns als Kinder gerne in Heuhaufen hineinwühlten und uns darin versteckten, war der Gedanke eines hineingestochenen Bajonettes sehr erschreckend. Später wurde dieses Ereignis des Ausbruchs und der Verfolgung der Häftlinge als „Mühlviertler Hasenjagd" bezeichnet.

Der Verwundetentransport

Der Krieg war für uns im Großelternhaus weit weg. Manchmal wurde das Radio (der „Volksempfänger") eingeschaltet. Da hörten wir: „Die tapfere deutsche Wehrmacht, die Unterseebootmarine, hat hunderte Bruttoregistertonnen feindlicher Schiffe versenkt", das war irgendwo in der Nordsee oder im Atlantik, also weit weg. Keiner zu Hause war begeistert, als wüssten bereits alle, was noch kommen sollte. Ich bin oft an das Ende unserer Obstwiese hinuntergelaufen, wenn ich das Pfeifen der großen Lokomotiven hörte, die meist unheimlich lange Lastzüge schleppten. Langsam kannte ich alle Lokomotiven und ich bewunderte ihre Kraft und die Dampfwolken, die sie ausstießen. Einmal war das Pfeifen wieder sehr laut und ich sah einen Zug, der gerade bei uns stehen blieb, obwohl dafür keine Station vorhanden war. Die Waggons waren ganz unterschiedlich: Neben normalen Personenwaggons gab es Lastzugwaggons, deren Türen offen waren. Darin sah man verletzte Soldaten, die herausschauten, und dann gab es noch „offene" Lastwaggons, die sonst nur für den Transport von Fässern oder Kisten verwendet wurden. Auch dort, im Freien, saßen und lagen Verwundete. Es war mir unklar, wohin dieser Zug ging. In ein Krankenhaus in Freistadt? War die Front so nahe? Warum verwendete man offene Waggons für Verwundete, was wäre, wenn es regnet? Etwas war mir klar: Dies war kein geordneter Transport mehr, sondern eine Art Flucht. Jetzt war der Krieg auch bei uns.

Russische Tiefflieger und die Bombardierung der Donaubrücke von Mauthausen durch Sturzbomber

Helmut war im Kinderwagen und ich spielte daneben, da unterbrach das laute Brummen eines Flugzeugs die Stille. Mutter, die im Haus gewesen war, kam herangerast. Mit einer Hand packte sie den Kinderwagen, mit der anderen Hand zog sie mich, und so waren wir schneller, als wir schauen konnten, hinter der dicken Türe des Hauses. Mutter schrie: „Tiefflieger, sie schießen auf alles, was sich bewegt." Wir lagen im Wohnzimmer am Boden und warteten darauf, dass der Tiefflieger nicht mehr zu hören war. Danach waren wir vorsichtiger und blieben im Haus, dessen dicke Mauern uns auch vor Beschuss geschützt hätten. Später hörten wir, ein Tiefflieger hätte einen Bauern beim Eggen erwischt und ihm eine Niere herausgeschossen. Der Bauer hätte das aber überlebt. Ich habe den Tiefflieger aus dem Augenwinkel noch gesehen. Er flog langsam über das Getreidefeld vor unserem Haus, etwa mit der Geschwindigkeit eines Autos.

Ich sah auch die Bombardierung Mauthausens (erst später wurde mir gesagt, dass die Donaubrücke zerstört worden sei). Sehr hoch über unserem Haus waren Flugzeuge zu sehen. Sie stellten sich in der Luft in einer langen Reihe an, wobei der jeweils Erste in einen Sturzflug überging. Dann hörte man das intensive Heulen des Flugzeugs und danach das Krachen von Explosionen, dann stellten sich die Flugzeuge wieder an, um einen weiteren Sturzflug und Bombenabwürfe durchzuführen. Langsam bekam ich eine Vorstellung davon, was es hieß, „ausgebombt" zu werden – ein Wort, das ich oft hörte.

Teil B

Zirking nach Kriegsende und „lange Sommer“, 1945–1952

Das Viadukt

1945 war der Krieg offiziell zu Ende. Im Mühlviertel in der Nähe von Mauthausen waren wir vorerst in der russischen Besatzungszone. Später einigten sich die Alliierten auf die Eisenbahnlinie von St. Valentin ins Mühlviertel, und die war gerade einige hundert Meter von unserem Haus entfernt. Damit war unser Haus wieder in der amerikanischen Zone. Dort an der Grenze patrouillierte ein russischer Posten, bewaffnet mit einer Maschinenpistole. Die von ihm bewachte Strecke betrug sicher einige hundert Meter. Er konnte auf seiner Strecke zwischen den Wendepunkten nie alles überblicken, wodurch es Flüchtlingen möglich war, langsam von Deckung zu Deckung laufend am Ende durch ein kleines Viadukt unter dem Bahndamm in die amerikanische Zone zu kommen. Gelang dies den ehemaligen Soldaten, versuchten sie ein amerikanisches Auffanglager zu erreichen, wo sie in wenigen Wochen „entnazifiziert“ und im Anschluss daran freigelassen wurden. War der Grenzübertritt nicht erfolgreich, endete man in russischer Gefangenschaft. Dies bedeutete zumeist Sibirien und jeder wusste damals, dass die Wahrscheinlichkeit einer Rückkehr in die Heimat nur sehr gering war.

Meine Mutter durfte die Grenze als in der Gegend wohnende Einheimische (mit Ausweis) jederzeit offiziell überschreiten, um z. B. Kuhmilch bei einem Bauern in der russischen Zone einzukaufen – die Ziegenmilch von unserer Ziege haben Helmut und ich nicht vertragen. Anfänglich brachte meine Mutter von ihren „Ausflügen“ häufig als Bauern verkleidete Soldaten mit. Die Sensen, Gabeln und Rechen stapelten sich bei unserem Haus und wurden immer wieder zurückgetragen. Plötzlich wurde strikter kontrolliert, damit begann die Phase des streng geahndeten Grenzübertritts. Meine Mutter dürfte Freude daran gehabt haben, kleine Gruppen zu organisieren, zu „schulen“ und zu begleiten. Oft hat sie sich beklagt, die Leute seien nicht leise genug gewesen oder zu blöd, um sich richtig in den Mulden der Kartoffelfelder zu bewegen. „Ich habe geglaubt, das seien alles Soldaten gewesen“, sagte sie manchmal. Sie hat aber nie gesagt, dass sie Angst gehabt hätte.

Wenn Mutter wieder ehemalige Soldaten über die Grenze geschmuggelt hatte, waren alle erleichtert und tranken bei unserem Haus frisches Wasser und diskutierten vor allem über den weiteren Weg. Ein Mann dieser Gruppe beteiligte sich kaum an den Gesprächen und saß nicht nur allein herum, sondern saß immer ganz nah beim Misthaufen, im Gegensatz zu den anderen, die sich einfach in die Wiese setzten. Das fiel mir auf, und weil dieser Mann so traurig aussah, setzte ich mich zu ihm und fragte ihn, warum er so traurig sei. Ich glaube nicht, dass ich eine plausible Antwort erhalten habe, denn sonst hätte ich mich daran erinnert. Nach einiger Zeit gingen alle ihres Weges. Einige Tage später, es war beim Nachbarn gerade eine große Mäh-Aktion im Gang – das Gras wurde mit Sensen gemäht – da gab es auf einmal große Aufregung. Einer der Schnitter hatte bemerkt, dass trotz schönen Wetters Tropfen auf ihn gefallen waren. An einem Birnbaum hatte sich ein Mann erhängt. Es war derjenige, der abseits beim Misthaufen gesessen ist, den ich trösten wollte. Daran bestand kein Zweifel, denn seine Papiere und ich glaube auch ein Abschiedsbrief wurden gefunden. Meine Familie hat aufgrund der Papiere mit der Herkunftsfamilie des Mannes kommuniziert. Er war aus einem Ort in der Nähe von Bielefeld, wo ich 40 Jahre später an der Universität gearbeitet habe. Ich habe mir damals überlegt, Kontakt mit der Familie aufzunehmen, fand das aber nicht mehr passend. Als Student habe ich Wolfgang Borcherts „Draußen vor der Tür“

(1947 erschienen) gelesen und beschlossen, nach Möglichkeit nie Soldat sein zu müssen. Dies ist mir auch gelungen.

Die Zeit der Besatzung durch Amerikaner und Russen war sehr gefährlich. Es lagen immer wieder Tote neben der Straße oder neben einem Haus. Mutter stellte sich immer so, dass ich die Leichen nicht sehen musste. Auch Typhus war sehr verbreitet, vor allem unter ehemaligen Häftlingen, aber auch unter Soldaten. Wenn meine Mutter menschliche Exkremente sah, die auf Durchfall deuteten, war sie immer mit einer Schaufel ungelöschten Kalks zwecks Desinfektion unterwegs, damit auch die Fliegen keine Möglichkeit hätten, Krankheiten zu verbreiten.

Mutter ging gefährlichen Situationen nicht aus dem Weg. Sie wusste um ihre Stärke und Reaktionsschnelligkeit. Eines Tages wollte sie wieder Milch für ihre Kinder holen. Weil noch nicht gemolken war und sie in der Zwischenzeit etwas anderes erledigen wollte, ließ sie ihre Milchkanne einfach beim Bauern stehen. In der Zwischenzeit kam eine russische Patrouille vorbei, die Gefallen an der Milchkanne fand und selbige konfiszierte. Milchkannen haben einen Henkel, lassen sich leicht tragen und der Deckel verhindert ein Ausschütten. Es gab also wenig bis keinen Ersatz für so eine richtige Milchkanne. Man wusste, wo das provisorische russische Lager war. Mutter kundschaftete die Wege der Wachposten aus, um Verstecke beim Anschleichen und Weggehen richtig planen zu können. Sie schlich sich nachts kurzerhand in das Lager, durchquerte den Schlafsaal der Mannschaft – glücklicherweise schliefen alle – und gelangte in den Raum des Offiziers und seines Adjutanten. Die Milchkanne stand auf einem Tisch und Mutter gelang der Rückzug mit Milchkanne, auch die Wachposten wurden ausgetrickst und damit war die Milchkanne wieder dort, wo sie sein sollte. Ich bin mir nicht sicher, ob das eingegangene Risiko meiner Mutter eher für ihre Abenteuerlust oder eher für ihre familiäre Verantwortung spricht. Ich war nicht dabei und kenne die Geschichte nur von ihrer Erzählung.

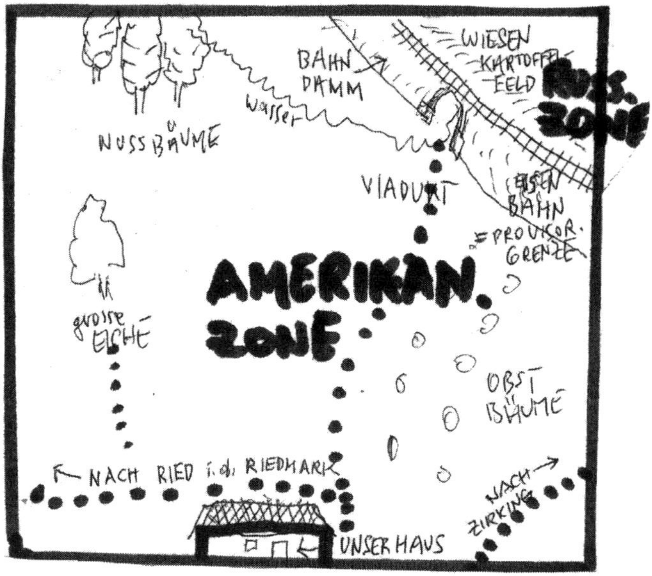

Abbildung 6: Das Viadukt

Der Bahndamm beim Viadukt

Ich erinnere mich noch sehr gut an die Vegetation am Bahndamm. Weil der Bahndamm sehr trocken war, wuchsen dort ganz andere Pflanzen als in den Wiesen: verschiedene Disteln, sehr viele dickblättrige Pflanzen, die meist sehr schöne Blüten hatten. Auch Zichorien, deren Wurzeln in der Kriegszeit von den Erwachsenen als Kaffeeersatz verwendet wurden.

Einmal kam Onkel Albert ganz aufgeregt von der Bahn. Er berichtete, er hätte Fremde gesehen, die von den großen Nussbäumen, die uns gehörten, Nüsse abschlugen und ernteten. Albert, meine Mutter, Tante Luise (die Frau Alberts) und Tante Poldi bewaffneten sich mit Holzstöcken und eilten an den Tatort in der Nähe des Viadukts. Meine Verwandten waren in der Überzahl und zeigten sich kampfbereit. Die Fremden gaben die bisher gesammelten Nüsse heraus und verschwanden. Ich – man hatte mir verboten mitzugehen – hielt mich im Hintergrund und konnte so alles beobachten. Ich hatte keine Angst, weil ich schon damals wusste, dass ich jedem Erwachsenen davonlaufen könnte. Ich verstand, dass Großmutter und Tante Poldi die Nüsse für den Winter benötigten, aber ich fand es auch nicht fair, den Fremden alle Nüsse wegzunehmen, sie hatten ja mit dem Ernten auch ein wenig gearbeitet.

Wir sind nicht oft zum Viadukt spielen gegangen, aber an eine Episode erinnere ich mich noch sehr deutlich. Es hatte einige Tage geregnet und vor dem Viadukt hatte sich ein etwa einen halben Meter tiefer Schlammsee gebildet. Wir (Helmut, ich und Milli, die Tochter des Bahnwärters) badeten im Schlamm und bewarfen uns gegenseitig damit. Es war ein eigenartiges Gefühl, sich ganz mit Schlamm zu bedecken, wir haben das Schlammbaden nie wiederholt.

Mutter war relativ oft unterwegs, sie hat regelmäßig ihre Geschwister besucht. Dann ist sie einmal in die Wachau verschwunden, um dort die berühmten „Wachauer Marillen" zu kaufen. Diese wunderbar schmeckende süßsaure Marille habe ich lieber roh als eingekocht genossen. Die Marillenmarmelade war aber notwendig für die Palatschinken (deutsch: Pfannkuchen). Mutter hat erzählt, sie sei oft auf dem Dach von Waggons gesessen, weil die Züge immer überfüllt waren (wir kennen solche Bilder vornehmlich aus den sogenannten „Entwicklungsländern").

Der Bahndamm war auch eine Fundgrube für Fleisch: Mindestens zweimal kam Mutter mit einem „frisch von der Eisenbahn überfahrenen Hasen" nach Hause. Offenbar versteckten sich die Hasen gerne zwischen den Eisenbahnschwellen. Es gab dann immer ein Festmahl. Hasengulasch war eine Spezialität meiner Mutter. Ich war später dann sehr traurig, als ihr das Hasengulasch nicht mehr richtig gelang. Da wusste ich, dass Mutter alt geworden war.

Der russische Offizier

Der Krieg war aus, wir lebten wieder in der russischen Zone. Die amerikanische Zone (die nun bei Linz, jenseits der Enns verlief) wäre den meisten Leuten lieber gewesen, die Russen galten als brutal und unberechenbar. Besonders unter Alkoholeinfluss neigten sie dazu, den Österreichern die Uhren abzunehmen und die Frauen zu vergewaltigen – das habe ich öfters gehört, selbst natürlich nie gesehen. Frauen, besonders jungen Frauen, wurde der Rat gegeben, sich mit Petroleum einzuschmieren oder sich krank zu stellen, sie wären dann für die Russen weniger attraktiv. Aber auch das Alter schützte nicht. Wie ich hörte, mussten auch schon betagte Großmütter den Russen zu Willen sein. Die Russen verschmähten auch die Daunendecken und Polster nicht, bei uns wurden diese unter einem großen Strohhaufen vergraben. Die Winter waren damals streng und jeder hatte Angst, zu wenig zum Zudecken zu haben, umso mehr, als in der Nacht nicht geheizt wurde. Ein Nachbar hat uns später im Sommer erzählt, dass die Russen frische Kirschen für ihre Soldaten wollten. Da haben sie einen ganzen Kirschbaum abgeschnitten, auf einen Lastwagen verfrachtet und ins Lager geführt. Dem Bauern, dem der Kirschbaum gehörte, hat das sicher wenig gefreut.

Unser Haus lag etwas abseits der Ortschaft Zirking und war nur über einen Feldweg zu erreichen. Außer dem Postbeamten kam daher selten spontaner Besuch.

Eines Tages stand ein russischer Soldat vor dem Haus, begrüßte Tante Poldi, die aus dem Haus gekommen war, auf Deutsch. Ich bemerkte, dass Tante Poldi sehr freundlich und respektvoll mit dem Russen sprach. Sie erwähnte gleich, dass sie zwar hier geboren wurde, aber griechische Staatsbürgerin sei (durch die Ehe mit Leonidas, der allerdings nicht anwesend war, weil in Griechenland noch immer der Bürgerkrieg tobte). Aufrund des Auftretens, der Sprachkenntnisse und der guten Kleidung bzw. der Uniform war uns klar, dass der Besucher zumindest den Rang eines Offiziers hatte. Unser Besucher stellte sich namentlich vor (ich war etwa fünf Jahre alt und habe mir den Namen nicht gemerkt) und ersuchte darum, das Haus betreten zu dürfen. Unser Haus erinnere ihn sehr an das Haus seiner Eltern in Russland und er hätte die Eltern und sein Elternhaus lange Jahre nicht gesehen, weil Krieg war. Tante Poldi bat den Russen in das Haus und machte ihn mit allen Familienmitgliedern, die anwesend waren, bekannt: mit Großvater und Großmutter, mit meiner Mutter und mir. Unser Gast war sehr lebendig und es entwickelte sich eine intensive Diskussion über die Inhalte der gestickten Gedichte auf den weißen „Deckerln" beim Küchenherd. Der zentrale Raum des Hauses war eine Wohnküche mit Sitzecke und großem Esstisch.

Es war gerade Mittag, die Großmutter war mit dem Zubereiten des Mittagessens fertig und Großmutter und Tante Poldi luden den Besucher zum Mittagessen ein. Der Offizier war vorerst erstaunt, entschied sich dann aber, die Einladung anzunehmen. Er hängte seinen Umhang oder Mantel an die Tür, wo im Allgemeinen die Gästegarderobe aufgehängt wird. Dann aber kam der große Augenblick: Er nahm den Pistolengürtel ab und hängte ihn samt Pistole an die Tür. Anschließend haben wir alle gegessen. Ich habe den russischen Offizier nie wiedergesehen, aber in unserer Familie wurde noch lange mit großem Respekt über das Verhalten des Offiziers gesprochen. Mir war schon als Kind klar, dass die Begriffe „Feind" und „Freund" sehr willkürlich vergeben werden und dass sich die jeweilige Zuordnung rasch ändern kann. Erst später verstand ich, warum „Fraternisierung mit dem Feind" in allen Gesellschaften streng bestraft wird: Um jemanden töten zu können, muss er zuerst ein böser Feind sein.

Die Amerikaner (eigentlich: die US-Amerikaner) und das Leben nach Kriegsende

Von den Amerikanern haben wir nicht viel gehört und gesehen, weil Zirking in der russischen Zone lag. Beim Besuch in

Linz mussten wir die amerikanische Zone passieren. Der einzige Unterschied bestand in der Menge der Desinfektionsmittel, die über uns ausgeschüttet wurden. Man musste durch Lacken von Desinfektionsmitteln gehen. Dann wurde mit riesigen Spritzen DDT unter das Hemd und in die Hose gespritzt und dann war man schon wieder draußen aus der Baracke. Persönlichen Kontakt hatten wir mit Amerikanern nicht. Das Bild der „Amis" war durchaus positiv: Sie galten als locker, lachten viel, waren freundlich und gut gekleidet. Später in Wien hatte ich Kontakt mit Amerikanern.

Der Krieg war vorüber. Für uns Kinder bestand aber kein Unterschied zwischen „im Krieg" und „nach dem Krieg". Der Tagesablauf war etwa so: Frühstück, d. h. ein Stück Brot und etwas Warmes zu trinken, und dann: grenzenlose Freiheit, keine Verpflichtungen. War man mittags im Haus, gab es etwas zu Essen, eine Suppe mit Einlage oder etwas Ähnliches. War man unterwegs mit anderen Kindern, mit Milli oder mit meinem Bruder, bekam man meist von den Bäuerinnen etwas, da sie ja auch ihre eigenen Kinder versorgten. Wenn es dunkel wurde, waren wir im Haus. Bald nach dem Abendessen wurden wir ins Bett geschickt. Die Erwachsenen wollten allein reden, ohne die Kinder. Heute weiß ich, dass das Leben für meine Eltern und auch für die Verwandten voller Sorgen um die Zukunft war, sie wollten uns aber damit nicht belasten.

Der Gelbbrandkäfer

Das Haus der Großeltern hatte eine eigene Quelle am oberen, westlich gelegenen Grundstücksrand. Die Quelle war gefasst und lieferte das Wasser in ein etwa zwei mal drei Meter großes Bassin, das immer gefüllt war. Von dort führte eine Wasserleitung direkt ins Haus, in die Küche meiner Großmutter, hier lief das Wasser dauernd aus einem kleinen Rohr in das Abwaschbecken und von dort weiter in den Graben neben dem Haus. Wollte man Wasser, musste man es also vom Rohr in der Küche oder direkt vom Wasserbecken oben holen. Das Wasserbecken war umzäunt, es gab aber im Zaun eine kleine Türe, die sich öffnen ließ und von der man in das Becken schauen konnte. Dies war deswegen so interessant, weil sich im Becken allerhand Tiere befanden. Es gab verschiedene Arten von Mücken, die über dem Wasser tanzten. Man sah auch immer Larven dieser Mücken herumschwimmen, wenn sie nicht an den moosig bewachsenen Rändern des Beckens hingen. Hin und wieder zeigte sich ein kleiner Krebs oder es waren Larven von Libellen zu erblicken. Die Libellen schwirrten ständig herum, vermutlich waren sie auf der Jagd.

Einmal sah ich einen schwarz-gelben Käfer, den ich aus dem Wasser fischte. Er zwickte mich und ich ließ ihn wieder fallen, da tauchte er ab. Na sowas, ein Käfer der tauchen konnte! Ich erfuhr, dass das der Gelbbrandkäfer sei, ein kleiner gefährlicher Räuber, der Larven und Würmer verspeist, aber vor allem als Schädling der Fischzucht gilt, da er Fischeier und kleine Fische attackiert und frisst. Die Tauchgänge des Käfers haben mich fasziniert, vor allem, weil er so lange unter Wasser bleiben konnte. Erst später habe ich erfahren, dass sich der Gelbbrandkäfer Luftblasen mit in die Tiefe nimmt und sich dann den Sauerstoff holt, wenn er ihn braucht. Vermutlich lagert er die Luftblasen unter Muscheln oder in Schneckenhäusern oder sonstigen Gegenständen, die ins Wasser gefallen sind. Mein Respekt vor diesem Tier wuchs beträchtlich, als ich hörte, dass er auch noch ein guter Flieger sei, sodass er jederzeit das Revier wechseln kann, wenn er keine Beute mehr findet. Gehen, laufen, schwimmen, tauchen und fliegen kann auch die Ente, die ich bis dahin für das vielseitigste Tier gehalten habe, aber diesen Käfer, der sich einen Lufttank unter Wasser baut, musste ich über die Ente stellen.

Die Bahnwärter-Milli

Wenn man von unserem Haus die unbefestigte Straße in Richtung Zirking ging, kam man nach einem kleinen Abhang zur

Kreuzung der Straße mit der Bahn. Die Kreuzung war durch zwei große Bahnschranken abgesichert. Kam ein Zug, begann der Schranken, einige Minuten bevor er herunterging, zu läuten. Der Schranken wurde durch einen Motor und durch starke Drähte hochgezogen. Damals bewerkstelligte dies der Bahnwärter durch Drehen einer Kurbel. Deswegen befand sich in der Nähe eines Bahnschrankens auch immer ein Bahnwärterhaus. Dieses Haus in unserer Nähe war sehr klein, es war aber der Lebensraum einer kleinen Familie. An den Bahnwärter kann ich mich nicht erinnern, die Bahnwärterfrau, die Mutter von Milli, war immer sehr freundlich zu uns, gab uns Süßigkeiten und passte auch ein wenig auf uns auf.

Milli war vermutlich zwei oder drei Jahre älter als ich. Im Sommer, wenn nichts Besonderes auf dem Programm stand, etwa Einkaufen oder Kirchenbesuch, sahen wir uns fast täglich. Entweder ich lief zu Milli „hinunter", oder sie kam zu uns „herauf". Milli war ein schlaksiges blondes Mädchen, das auf jeden Fall schneller laufen konnte als ich. Ein Wettlauf stand bei fast jedem unserer Treffen auf dem Programm. Dazu stellten wir uns bei der Eingangstüre auf, um in entgegengesetzter Richtung um das Haus zu laufen. Wir zählten „eins, zwei" und auf „drei" rannten wir los. Auf der einen Seite des Hauses, bei der Scheune, gab es Brennnesseln, die ein wenig Aufmerksamkeit erforderten, weil wir barfuß liefen. Hinter dem Haus huschten wir aneinander vorbei, man versuchte abzuschätzen, wie schnell der andere war, und ich rannte, so schnell ich konnte. Aber Milli war immer zuerst beim Haustor zurück. Ich habe ihr das nicht übel genommen, weil Milli älter war und längere Beine hatte. Der Zeitunterschied unseres Wettrennens war auch nicht groß.

Wir kletterten auf Bäume, sammelten und aßen Obst, wir besuchten die Haustiere und fütterten sie, nicht nur die eigenen, sondern auch die vom benachbarten Bauern. Wenn ein Huhn ein Ei gelegt hatte, gackerte es in einer anderen Tonart. Wir holten uns dann manchmal die frisch gelegten Eier und schlürften sie – mit etwas Salz im Mund – aus. Wir bauten mit Haselstöcken Häuser und Wohnungen und spielten „Vater, Mutter, Kind“. Auf den Heuböden der Scheunen hatten wir unsere Verstecke. Wir entdeckten, dass das Heu unter den großen Balken der Scheune nicht so fest gepresst war, sodass man lange Gänge graben konnte, die die einzelnen Verstecke miteinander verbanden.

Wir hatten auch verschiedene Abenteuer mit den Tieren der Bauernhöfe. Unser Nachbar hatte eine große Muttersau, die er mit ihren sieben kleinen Schweinchen manchmal im Hof und in Hausnähe herumlaufen ließ, vielleicht, weil er gerade den Stall reinigte. Wir beschlossen, die große Muttersau etwas zu ärgern und beschossen die kleinen Schweine mit Schlammkugeln. Die Muttersau wurde ganz aufgeregt und griff uns an. Es gelang uns, auf einer im Hof bei der Scheune stehenden Leiter schnell einige Sprossen hinaufzuklettern. Die große Sau stand unten und schnaufte und zeigte ihr Gebiss. Die zornige Muttersau wäre stark genug gewesen, die Leiter umzuwerfen, aber auf diese Idee kam sie nicht. Trotzdem hatten wir gehörigen Respekt vor ihr und ließen sie fortan in Ruhe.

Einmal haben wir versucht, eine Kuh auf der Weide zu melken. Das gelang weder Milli noch mir. Die Kuh war ungeduldig und machte einen Schritt, sie schob uns mit dem Fuß einfach zur Seite. So eine Kuh ist im Vergleich zu einem Kind ein riesengroßes Tier. Kühe sind an den Melker oder die Melkerin gewöhnt, sie merken sofort, wenn etwas nicht stimmt. Als Kinder haben wir die Kühe als sehr friedlich erlebt. Kühe, die auf Wanderer Jagd machen, wenn man ihre Weidegründe betritt, haben wir nie gesehen.

In einem Sommer, ich glaube, es war der letzte in Zirking, war Milli nicht mehr da. Man erzählte mir, sie würde in Mauthausen in eine Lehre gehen und arbeiten. Als ich mit Mutter eines Tages wieder in Mauthausen war, bat ich Mutter, Milli zu besuchen. Wir suchten das Geschäft auf, in dem Milli war, sie wurde herausgerufen. Wir standen uns gegenüber und nichts war so wie früher. Wir konnten nicht einmal miteinander reden. Milli war von der Welt der Erwachsenen verschluckt worden, ich war nur ein kleiner Bub, der für das heranwachsende Mädchen keine Bedeutung mehr hatte, und damit war unser Treffen auch schon zu Ende. Ich ging enttäuscht nach Hause.

Etwa im Jahr 2000, also ca. 50 Jahre später, hätte ich Milli fast getroffen. Die Eisenbahnschienen gab es nicht mehr, das Bahnwärterhaus auch nicht. Auf der ehemaligen Bahntrasse standen kleine neue Einfamilienhäuser. Ich habe im nahen Wirtshaus nach der Bahnwärterfamilie und nach Milli gefragt; da erzählte man mir, Milli hätte eine Freundin in Zirking, die sie besuche, wenn sie in Österreich sei. Milli sei nämlich nach Australien ausgewandert. Gestern sei sie da gewesen. Ihre Freundin sei aber gerade auch nicht da. Knapp, dachte ich, wir kehren beide an den Platz unserer Traumkindheit zurück. Vielleicht klappt ein Treffen ein anderes Mal.

Die gefährlichen Spiele an der Eisenbahn

Bevor die Eisenbahn an uns vorüberbrauste, legten wir immer einige Steine vom Bahnschotter auf die Schienen. Das Steinmehl, zu dem der Schotter zermahlen wurde, sammelten wir in einer Schachtel. Wozu das Steinmehl gesammelt wurde, wusste ich nicht, es war einfach schön zu sehen, wie die tonnenschwere Dampflokomotive mühelos die Steine zermahlte. Auch das „Abhören“ der Schienen wurde praktiziert. Man legte das Ohr auf die Schiene und konnte den heranrollenden Zug „hören“. Beim Hören konnte man natürlich nur in eine Richtung sehen. Einmal glaubte ich, etwas zu hören, und sah sicherheitshalber noch nach der anderen Seite. Die Lokomotive war nur mehr 20 oder 30 Meter entfernt, ich konnte gerade noch die Schienen verlassen. Wahrscheinlich hat der Wind in Richtung des herankommenden Zuges geblasen, deshalb war nichts zu hören. Das war zu knapp, sagte ich mir, und ich habe das Abhören der Schienen aufgegeben.

Die blöde Geschichte vom dummen Bauern, der seine Kuh am Bahnschranken befestigte, hat mir meine Mutter einige Male erzählt. Ich habe die Geschichte, wie die Kuh vom Schranken in die Höhe gezogen wurde, aber nie geglaubt. Mein Bruder, schon über zwei Jahre alt, wurde allerdings einmal Schrankenopfer. Er nahm nach dem Läuten des Schrankens, wenn sich die Drähte zu bewegen begannen, diese in die Hand und ging in Richtung der Bewegung der Drähte mit. Er achtete nicht darauf, dass die Drähte über ein Rollenpaar liefen, und zwischen diese Rollen geriet er mit dem Daumen hinein. Er begann fürchterlich zu schreien, weil er seinen Daumen nicht herausbekam, und wenn nicht die Bahnwärterfrau in Windeseile herangestürzt wäre und mit Gewalt seine kleine Hand herausgerissen hätte, wäre sein ganzer Daumen zerquetscht worden. So weinte er noch stundenlang, und Mutter ging mit ihm zum Arzt nach Ried. Die Verletzung ist gut verheilt, aber man sah bei Helmut noch jahrelang die Spuren dieser Verletzung.

Die „Schniazl-Buam", der junge Nachbarbauer und der Tod

Großmutter hatte vor dem Haus einen Blumengarten, in dem sie täglich etwas arbeitete. Auch wenn sie immer sehr viel zu tun hatte, der Blumengarten mit Gladiolen, Pfingstrosen, prächtigen Sonnenblumen, Herzerlstock, Lilien, Geranien, verschiedenen Rosen und Herbstblumensträuchern hatte für sie besondere Bedeutung. Sie war da großzügig und gab Besuchern oft und gern Blumen mit. Ein besonderer Fall waren die „Schniazl-Buam", die immer bei Großmutter erschienen, wenn jemand in ihrer Familie Geburtstag hatte. Tante Poldi erklärte mir, die beiden Buben seien aus einer armen Familie und hätten kein Geld, um Blumen zu kaufen. Die beiden Buben bekamen von Großmutter dann auch etwas zu trinken und ein Stück Kuchen. Wir boten ihnen immer auch Äpfel und Birnen aus unserem Garten an. Besonders gute Äpfel hatte ein alter, ganz schief gewachsener Baum, dessen Früchte zwar herabfielen, aber nicht zu pflücken waren. Die einzigen Äste kamen so hoch aus dem Stamm, dass man nicht einmal eine Leiter anlehnen konnte. Die beiden Buben erfassten den Sachverhalt sofort, und der Ältere stieg auf den Baum und beutelte einige Früchte herunter. Ich hatte bisher niemanden gesehen, der annähernd so gut klettern konnte wie die beiden Buben. Auf einem schiefen Stamm ohne Queräste hoch hinaufzusteigen, erschien mir damals als äußerst schwierig und riskant, abgesehen davon, dass ich die Kletterei gar nicht zustande gebracht hätte. Für mich waren die „Schniazl-Buam" aus einer anderen Welt, ich bewunderte sie sehr. Ich habe mich später einmal (vielleicht zehn Jahre später) nach den beiden Brüdern erkundigt und man hat mir mitgeteilt, dass sie beide leider gestorben seien. Und zwar an inzwischen schon gut behandelbaren Krankheiten, wie Blinddarmentzündung oder einer Infektionskrankheit. Da begriff ich zum ersten Mal, dass ich aus einer anderen Welt war. Meine Mutter hat sich immer um unsere Kinderkrankheiten gekümmert – ich hatte fast alle gehabt. Auch eine beginnende Gehirnhautentzündung, die aus einem schlecht behandelten Innenohr-Abszess resultierte, wurde von Mutter rechtzeitig diagnostiziert und die Behandlung gegen die Meinung des Hausarztes durchgesetzt. Ich wurde operiert und habe das gut überstanden. Das verdanke ich der Ausbildung meiner Mutter – sie war diplomierte Krankenschwester – und der damals auch privilegierten Klassenlage meiner Eltern. Auf dem Land und aus einer armen Familie stammend, war die Wahrscheinlichkeit, an einer relativ einfachen Krankheit zu sterben, zweifellos hoch.

Ein anderes Erlebnis hat mich mit dem Tod konfrontiert und verstört. Die Nachbarbäuerin hatte den Hof ihrer Eltern übernommen und einen jungen Mann geheiratet, der mit ihr die Landwirtschaft betreiben wollte. Ich habe als Kind – vielleicht sieben oder acht Jahre alt – den Jungbauern manchmal besucht. Ich kannte den Bauernhof schon früher, es gab Schweine, Kühe und Geflügel am Hof, und wir haben vom Nachbarn in der Kriegszeit oft etwas Essbares gekauft.

Der Jungbauer war ein eleganter junger Mann, mit dem man wunderbar diskutieren konnte. Ich hatte viele Fragen, auf die immer eingegangen wurde. Ich habe als Kind gelernt, wie man ein Pferd anschirrt und es vor einen Pflug spannt. Mir hat das Spaß gemacht, ich war auch dabei, als der Bauer das Getreidefeld umgeackert hat. Einmal hat er mich gefragt, ob ich nicht auch einmal eine Ackerfurche ziehen wolle. Ich war sehr stolz darauf, es zusammengebracht zu haben: das Pferd zum Beginn der Furche dirigieren, den Hebel für den Pflug drücken und dem Pferd nachgehen – es weiß ja, was es zu tun hat – und am Ende des Feldes den Hebel für den Pflug betätigen, eine Kurve gehen und dasselbe in der Gegenrichtung noch einmal machen. Es hat funktioniert! Ich habe den Bauern richtig gerngehabt, weil er mir so viel gezeigt hat. Der junge Mann war leider nicht ganz gesund. Meistens war ihm die Arbeit zu schwer, er litt unter der Hitze und mittags hat er sich immer eine Stunde in den kühlen Keller gelegt, wo er sich ein Bett hineingestellt hat. Er hat mir auch erzählt, er würde sich bald einen Traktor anschaffen, dies würde die Arbeit sehr erleichtern. Seine Frau sagte einmal, ihr Mann hätte „etwas mit dem Herz“. Ein Winter verging. Als ich im Sommer kam, war der junge Mann nicht mehr da. Er sei gestorben, die Bäuerin hat sich jemand anderen genommen, mit dem sie den Hof weitergeführt hat. Vor zwanzig Jahren habe ich sie besucht, sie konnte sich noch an unsere Familie erinnern. Die Gespräche mit dem jungen Bauern habe ich noch in Erinnerung, sie waren wichtig für mich. Auch über meine Zukunft wurde gesprochen, die der Jungbauer als aussichtsreich bezeichnete. Das hat mich damals sehr gefreut; von meinen Eltern hatte ich so etwas noch nie gehört.

Bauernkinder und Stadtkinder (von den Bauernkindern als „Stadtlinger“ bezeichnet)

Natürlich versuchte ich auf dem Land auch Anschluss an die Kindergruppen zu bekommen, die es dort gab. Das war aber meist mit Konflikten verbunden. Als jemand, der aus der Stadt kam, war man unter der Landjugend schon einmal Mensch zweiter Klasse. Das ließen sie uns Kinder oft genug spüren. Die Erwachsenen waren meist nett und hilfreich, die Bäuerinnen hatten auch oft Leckerbissen, die sie uns zusteckten, und sie freuten sich, wenn uns das schmeckte. Die Burschen waren anders. Einmal banden sie mich mit einem Strick zusammen, sodass ich mich nicht mehr viel wehren konnte, und legten mich in die Zuführung einer Häckselmaschine, die auch noch eingeschaltet wurde. Ich traute mich nicht mehr eine Bewegung zu machen, denn ich konnte die rotierenden Messer der Maschine bereits an meinen Haaren spüren. Ich war zwar der Überzeugung, dass die Burschen mich nicht ernsthaft verletzen wollten, aber so ganz sicher war ich nicht. Ich sollte vor allem Angst haben und die hatte ich auch.

Daneben gab es „Mutproben“, die auch nicht ungefährlich waren. So gab es mitten im Dorf einen Feuerlöschteich, vielleicht zwei Meter tief und vier mal drei Meter groß. Der Teich war von einem Zaun umgeben und die Mutprobe bestand darin, von einem der umstehenden Mostbirnbäume über den Zaun mit einem „Köpfler“ in den Teich zu springen. Eine gewisse Distanz musste dabei überwunden werden, wenn man den Zaun nicht streifen wollte. Zu weit durfte man aber auch nicht springen, denn sonst prallte man an die gegenüberliegende Mauer des Teiches. Nachdem einige der Burschen den Sprung gezeigt hatten, bin ich auch gesprungen. Vielleicht hatte man dadurch ein wenig mehr Ansehen, aber ausschlaggebend war es auch nicht. Ich habe diese Mutproben als gefährlich eingestuft und deshalb nicht wiederholt. Andere Mutproben waren das Erklettern hoher Bäume oder griffiger, aus Blockgranit errichteter Hauswände.

Wir pressen Most

Wenn Äpfel und Birnen von den Bäumen zu fallen begannen, war die Zeit zum Mostmachen angebrochen. Für uns Kinder war dies eine besondere Zeit, nicht nur, weil wir den frisch produzierten Süßmost sehr gerne tranken, sondern auch, weil wir wesentlich zur Mostproduktion beitrugen: zuerst sammeln, dann mahlen und einweichen, dann pressen und in Fässer abfüllen (zur Gärung). Besonders beim Sammeln sind viele Hände gefragt. Am ergiebigsten ist der Mostbirnenbaum. Die Mostbirnen sind kleine saure, harte Birnen; wenn sie gelb werden, sind sie meist schon matschig, angefault oder schimmelig und können daher nicht verwendet werden. Wenn man Äste oder kleine Bäume schüttelt, fällt auch noch mehr Obst herunter. Von den Äpfeln nahmen wir nur die kleineren sauren Äpfel, die großen blieben zum Essen oder zum Trocknen im Ofen für den Winter. Als optimale Mischung für einen guten Mostgeschmack galten zwei Drittel Birnen und ein Drittel Äpfel, wobei schlechte Früchte schon aussortiert waren. Das Obst wurde gewaschen und anschließend Kübel für Kübel in ein Mahlwerk gegeben, in dem das Obst zerkleinert wurde. Die Obstmaische wurde dann in einen großen Bottich geschüttet, dazu kam noch etwas Wasser. Das Ganze ließ man dann ein bis zwei Stunden stehen, bevor es ans Pressen ging. Spätestens jetzt wurden durch den Mostsaft viele Wespen und Hornissen angelockt. Besonders vor den Hornissen hatten wir großen Respekt. Sie flogen langsamer und sehr selbstbewusst mit einem tieferen Brummton als die Wespen, als wüssten sie um ihre Gefährlichkeit. Ich bin zwar schon von vielen Bienen und Wespen gestochen worden, aber noch nie von einer Hornisse. Nach etwa zwei Stunden begannen wir dann mit dem Pressen. Der Pressstock wurde aufgestellt und mit der Maische ganz angefüllt. Da rinnt unten schon der erste süße Saft heraus. Der ist aber nicht so gut wie der letzte aus dem Pressvorgang. Oben kommt eine Art Deckplatte auf die Presse, bevor man den Stempel herunterschraubt und mit dem Pressen beginnt. Die Presse besteht aus einer Art Schraube, auf die man eine Verlängerung ansetzen kann, um den Druck zu verstärken. Das war dann die Aufgabe von Onkel Albert. Am Ende bleibt neben dem Most nur eine kleine Scheibe von gepresstem Obst, die man als Düngemittel verwenden kann. Man könnte auch neue Maische ansetzen und Schnaps brennen. Das haben wir aber nie gemacht.

Der Süßmost ist sehr nahrhaft, weil er viel Zucker enthält. Als Kinder haben wir viel davon getrunken und natürlich auch Durchfall bekommen. Das nahmen wir aber gerne in Kauf, der frische Most war sooo gut! Auch die Bahnwärter-Milli hat mit uns gerne den Süßmost getrunken. Den Erwachsenen war es aber lieber, wenn man ein ganzes Fass füllen konnte, in dem der Süßmost langsam gärte. Die Kontrolle dieses Vorgangs oblag Onkel Albert. Guten Most bekommt man heute gar nicht mehr so oft, weil es auch weniger Mostbirnenbäume gibt, die früher überall entlang der Straßen standen. Sie sind verschwunden, weil sie für Autofahrer als zu gefährlich eingestuft wurden.

Abbildung 7: Wagenrennen (Helmut zieht den Wagen), Zirking, 1952

Das Werkzeugkammerl und die Sense

Wovon uns Eltern, Onkel und Tanten immer fernhalten wollten, waren gefährliche Werkzeuge wie die Sense. Nicht umsonst ist der „Sensenmann" der Tod, der den Lebensfaden durchschneidet und dem man nach Möglichkeit gar nicht begegnen sollte. In Österreich und in den umgebenden Ländern ist die Sense eine Weiterentwicklung der Sichel, sie ist ein wichtiges Bauernwerkzeug der agrikulturellen Epoche vor dem landwirtschaftlichen Einsatz von Maschinen (Mähdreschern, Motorsensen). In den Bildern von Egger-Lienz sieht man, wie die Tiroler Bauern mit Sensen bewaffnet den Franzosen Widerstand leisten (Aufstand des Andreas Hofer). Die Sense ist daher auch eine Waffe. Nach dem Zweiten Weltkrieg, als ich als Fünfjähriger die Bauern arbeiten sah, wurde noch mit der Hand gemäht. Die Sensen wurden vor dem Mähen mit einem speziellen Hammer gedengelt (d. h., die Schneide der Sense wurde gerade gehämmert). Jeder Bauer hatte einen Dengelstock, auf dem man sitzend dengeln konnte. Während des Mähens wurde die Sense mit einem Schleifstein nachgeschärft. Bei uns hingen die Sensen – es gab immer mehrere – im Werkzeugkammerl an einem Balken. Streng verboten war es für Kinder, mit Sensen zu spielen oder sonst wie zu hantieren. Die Sense war deshalb etwas Besonderes: Sie war gefährlich und verboten!

Einmal war ich allein im Werkzeugkammerl, um die großen Ohrwürmer und Spinnen zu beobachten, die es dort gab. Aber am Balken hängen Sensen. Warum nicht eine herunternehmen? Am Griff und an der Stange ziehen, ja – und dann fiel die Sense herunter, prallte auf den Boden und fuhr mit der Spitze zwischen Knöchel und Fußsohle in meine Ferse. Sofort schoss Blut aus der Wunde, und gar nicht wenig. Das Loch im Fuß war groß. Ins Haus gehen und Mutter rufen kam nicht in Frage, ich hatte doch etwas sehr Verbotenes getan. Wie nun den Blutfluss vermindern? Vielleicht mit ein wenig Erde und Sand vom Spielplatz hinter dem Haus? Erde und Sand auf die Wunde – ein blutiger „Gatsch" war das Resultat. Also wegwaschen, hinauflaufen zum Wasserbehälter, Fuß hinein. Resultat: das ganze Bassin färbt sich blutrot, es blutet jetzt noch mehr. Ein wenig Gras und große Blätter auf die Wunde – hat auch nicht genützt, dann doch lieber zu Mutter. Sie hat die Wunde gereinigt und einen Druckverband gemacht. Sie hat auch gar nicht geschimpft, so erschrocken war sie. Irgendjemand hat uns dann ins Spital nach Mauthausen gefahren. Dort bekam ich noch eine Naht und Injektionen. Es hat eine Weile gedauert, bis die Wunde ganz zu war. Die Narbe davon ist noch heute gut sichtbar.

Die Beschwörung des Windes

Es gab bei den Großeltern auch manchmal sehr heiße Sommertage. Natürlich war eine alte Badewanne oder ein Waschtrog vorhanden, in die man etwas Wasser hineingab und in denen man dann herumplantschen konnte. Es gab auch ein Kinderlied, das damals viel gesungen wurde: „In meiner Badewanne bin ich Kapitän, in meiner Badewanne kann mir nichts geschehen."

Aber manchmal war die Luft einfach zu heiß. Ich glaube, ich bin noch nicht in die Schule gegangen, als ich mich bemühte, den kühlen Wind zu rufen. Und es gelang mir! Ich lief auf eine der höchsten Stellen unseres Grundstückes, auf den Rand des Abhangs unterhalb des Kartoffelackers, neben einer riesigen, mindestens hundert Jahre alten Eiche. Dies war ein sehr schöner Platz, von dem aus man weit in die Donauebene hinabsah. Ich stellte mich hin, streckte beide Arme aus und rief: „Wind, Wind, kühler Wind, komm" und noch einmal „Wind, Wind, kühler Wind, komm". Und leise, aber deutlich merkbar kam ein kühler Windhauch auf mich zu, und ich muss sagen, ich war sehr glücklich in diesem Augenblick. Ich hatte Vertrauen in den Wind, den ich gerufen hatte. Er ist gekommen. Langsam ging ich zum Haus zurück.

Irgendeinmal, vielleicht nach dem Schuljahr in Wien, jedenfalls nach langer Abwesenheit, habe ich das Ritual nicht mehr durchgeführt, und als ich es einmal probierte, hat es nicht mehr funktioniert. Ich weiß aber heute noch ganz genau, dass es mir früher gelungen ist. Natürlich gibt es rationale Erklärungen für meine Empfindungen damals, aber befriedigend war einfach das Gefühl, in direkter Kommunikation mit einer Naturkraft zu sein.

Bei Onkel Sepp und Rosi in Gallneukirchen

Mutter hatte drei Brüder: Albert, Franz und Sepp (Josef). Sepp sahen wir selten, außer wir waren in Gallneukirchen, wo Sepp mit Rosi, seiner Frau, wohnte. Ich hatte alle drei sehr gern, Albert und Franz hatten Kinder, von denen wir dem Alter nach nicht so weit entfernt waren. Sepp und Rosi hatten auch eine Tochter, sie war aber schon deutlich älter als wir. Eines Tages erschien Sepp bei uns in Zirking und sagte, er würde mich mitnehmen nach Gallneukirchen, meine Mutter könne mich in ein paar Tagen ja von Gallneukirchen abholen. Ich glaube, ich war damals sieben oder acht Jahre alt. Wir fuhren mit der Bahn und dem Bus nach Gallneukirchen. Gleich am zweiten Tag machte mich Sepp mit einem Nachbarbuben bekannt, mit dem ich fischen ging. Natürlich war das Fischen nicht erlaubt, wir benötigten auch keine Ausrüstung, sondern nur unsere Hände. Der Nachbarbub zeigte mir, wie man in einem kleinen Bach mit der Hand Forellen fängt. Man greift unter die Steine, und wenn man eine Forelle in der Hand hat packt man fest zu und nimmt den Fisch aus dem Wasser. Der Nachbarbub fing drei Fische, ich nur einen, ich hatte noch nicht so viel Übung. Ich war aber erstaunt darüber, dass es so einfach war, Fische mit der Hand zu fangen. Rosi hat die Forellen zubereitet, sie schmeckten köstlich. Auf die Idee, dass unser Fischfang dem Gesetz nach Diebstahl war, kam damals niemand.

Abbildung 13: Familientreffen in Gallneukirchen (Oberösterreich), etwa 1954

Am nächsten Tag war ich im Schwimmbad. Ich glaube, der Fluss hieß Gusen, es gab ein paar kleine Staus, dort konnte man schwimmen. Das Wasser war nicht tief, wenn man stand reichte es bis zum Hals. Die Kinder, vornehmlich die Burschen, sprangen von der Begrenzungsmauer des Baches mit einem „Köpfler“ in das relativ seichte Wasser. Um nicht mit dem Kopf am Boden zu landen, war eine rasche Bewegung des Oberkörpers, die man „Schlüafer“ (von schlüpfen) nannte, nötig. Ich konnte damals noch nicht schwimmen, den Kopfsprung mit „Schlüafer“ brachte ich aber zusammen. Dann sprang ich einmal an einer anderen Stelle, nicht dort, wo die Jugend sprang, das war dann sehr schmerzhaft. Im Wasser lagen nämlich ein paar Eisenreifen von Weinfässern, die mir die Brust zerkratzten. Das Blut strömte über den Oberkörper in die Badehose. Ich lief sofort zu Sepp und Rosi. Sepp besah sich die Wunde und wendete sein Patentrezept an: Er klebte über die offenen Kratzer der Brust Zigarettenpapier. Das Zigarettenpapier hatte er zuhause, weil er sich seine Zigaretten selbst drehte. Dadurch trocknete die Blutung sofort, es entstanden Blut-Zigarettenpapier-Krusten, die man einfach so lassen musste, bis genügend Haut von unten nachgewachsen war und die Krusten von selbst abfielen.

Mutter wurde verständigt, sie holte mich am nächsten Tag mit dem Fahrrad ab. Ich musste auf dem Gepäckträger auf einem kleinen Polster sitzend die Fahrt überstehen. Das dauerte einige Stunden, weil einige Steigungen von Mutter mit mir als Zusatzgepäck nicht bewältigt werden konnten, wir mussten an diesen Stellen zu Fuß gehen. Zwei Tage später war aber alles verheilt und ich konnte mich wieder waschen. Infektionen hat es keine gegeben.

Großvater will mich und Helmut mit der Hacke erschlagen

So gut Großvater sein Leben auch geplant hat, sein Alter war keine gute Zeit für ihn. Man muss bedenken, es gab noch kein Fernsehen, unser Haus war zu weit vom nächsten Dorfwirtshaus entfernt, sodass regelmäßige Kontakte mit anderen Dorfbewohnern kaum stattfanden. Diskussionen zwischen Großvater, Großmutter und seinen Töchtern gab es kaum. Das Radio aus dem „Volksempfänger", der in jedem Haushalt stand berichtete hauptsächlich über Kriegserfolge, Musik wurde nur selten gehört. Es gab keine Arbeiten, die den Großvater herausforderten. Das Leben war einfach nicht mehr sehr anregend und wenig interessant. Großvaters Welt ist klein geworden: das Essen, die Katzen, der Gang um das Haus und der Genuss von Beeren und Feldfrüchten war Großvater noch wichtig; Alkohol mit Ausnahme eines Glases Apfelmost hat er auch nur sehr selten getrunken. Hin und wieder hat Großvater Pfeife geraucht. Es wundert daher nicht, wenn Großvaters Geist sich zunehmend auf ganz kleine Dinge seiner Umgebung konzentrierte. Sehr wichtig war ihm die Wärme, die seine Katzen lieferten, die heißen, in Handtücher gewickelten Ziegelsteine, die ihm Großmutter vor dem Schlafengehen ins Bett legen musste, und der Genuss von reifen Paradeisern (Tomaten) und Ringlotten (eine Züchtung ähnlich der Nektarine). Da Großvater den Reifungsprozess der Früchte über Tage hin beobachtete, wusste er genau, wann er eine besonders gute Frucht nehmen und essen konnte. Helmut und ich wussten das aber auch und manchmal waren wir schneller und ließen uns die Früchte gut schmecken.

Einmal kam Großvater darauf, dass wir beide es waren, die ihm eine schöne reife, große Frucht vor der Nase weggegessen hatten. Er wurde sehr wütend, begann zu schreien und kündigte an, uns mit der Hacke erschlagen zu wollen. Die Erwachsenen nahmen diese Ankündigung nicht ernst, aber Helmut und ich schon, besonders als wir sahen, dass Großvater sich eine Hacke aus dem Werkzeugkammerl holte. Wohin also flüchten? Die möglichen Verstecke im Haus würde Großvater entdecken und erschienen uns nicht sicher genug. Nachdem wir rasch dem Großvater davongelaufen waren, suchten wir ein Versteck, von dem aus wir die Lage, d. h. Großvaters Aktionen, beobachten konnten. Am oberen Ende des Grundstückes, nahe der Quelle, befand sich ein kleiner, steiler Abhang, der ein großes Kornfeld begrenzte. Dort oben, am Rand des Feldes, wuchs auch hohes Gras, in das wir uns legten. Der Blick hinunter zum Haus war frei. Großvater ging mit der Hacke um das Haus, wobei er mehrmals die Richtung wechselte, er glaubte, dass auch wir um das Haus liefen. Nach einer halben Stunde beruhigte sich Großvater und verschwand im Haus. Vermutlich hat er die ganze Aktion vergessen, denn es war niemals mehr die Rede davon. Es war uns aber klar, dass wir in Zukunft vorsichtiger sein mussten. Großvater schien uns nicht mehr ganz normal.

Es war auch der letzte Sommer, den wir in Zirking verbrachten. Großvater starb, die Großmutter zog zu einem ihrer Söhne, zu Sepp in Gallneukirchen, das Haus wurde verkauft und das Geld unter den Geschwistern aufgeteilt. Auf meine Frage, was diese mit dem Geld machen würden, antwortete meine Mutter: „sie werden sich neue Möbel kaufen." Dies machte mich sehr traurig, denn ich konnte nicht verstehen, einen so paradiesischen Platz auf der Welt wegen Möbeln zu verkaufen. Wir alle hätten uns dort noch lange treffen können, Urlaub hatte doch jeder.

30 Jahre später war ich wieder einmal in Ried. Es war nicht einfach, sich zu orientieren, da viele kleine Häuser herumstanden, wo früher nur Natur gewesen war. Über den Fußweg von Ried nach Zirking kam ich am Beobachtungshügel vorbei, wo ich mit meinem Bruder gelegen bin. Der Hügel war viel kleiner, als ich ihn in Erinnerung hatte, ich habe den Platz aber gleich erkannt.

Barfuß im Alltag, Kirchgang mit Schuhen

Als Kinder benützten wir bis zur Volksschule keine Schuhe, wir liefen nur barfuß. Um das Haus herum gab es keine Nägel, Metall- oder Glassplitter. Die Wege waren entweder erdig oder mit Gras bewachsen und Steinplatten waren kein Problem für Barfußläufer. Auch auf den Zufahrtsstraßen gab es keinen groben Schotter, vermutlich war der zu teuer. Unsere Umwelt war noch sehr natürlich; weggeworfen wurden vornehmlich Sachen, die schnell verrotteten. Durch Wiesen und durch Ackerfurchen konnte man immer barfuß laufen. Eine Ausnahme gab es aber: das frisch geerntete Getreidefeld. Die Stoppeln waren hart und konnten die Haut an der Fußsohle leicht durchstechen. Dieser Verletzungsgefahr begegneten wir mit einer speziellen Lauftechnik. Bevor der Fuß den Boden berührte, wurden die Stoppeln mit einer leichten Vorwärtsbewegung nach vorne und damit auch flach gedrückt, sodass man ihre Spitzen nicht mehr spürte. Außerdem hatten wir eine sehr dicke, widerstandsfähige Hornhaut auf der Fußsohle. Auf diesen Laufstil waren wir stolz und demonstrierten ihn auch manchmal. Es gab nur selten eine Verletzung. Einmal stießen vor meinen Augen in der Luft zwei Hornissen zusammen und fielen vor mir ins Gras. Wir hatten immer großen Respekt vor diesen großen Wespen. Man sagte, drei Stiche könnten einen Menschen und neun Stiche ein Pferd töten. Ich entschied mich schnell: Ein kräftiger Tritt mit meiner durch Hornhaut geschützten Ferse tötete die Hornissen sofort. Als relativ kleines Kind war ich stolz darauf, die gefährlichen Hornissen „erledigt“ zu haben (heute denke ich anders und weiß, dass diese Art geschützt wird).

Wenn ich gesund war, bestand meine Mutter darauf, mit ihr in die Kirche nach Ried (in der Riedmark) zu gehen. Dazu musste ich Schuhe anziehen, was mir nicht besonders gefiel. Auf dem Rückweg von Ried durfte ich die Schuhe wieder ausziehen, wenn wir den Ort verlassen hatten. Ich ging nicht ungern nach Ried, weil Mutter oft eine alte Freundin, die Frau eines Lehrers, besuchte. In dieser Familie gab es drei Töchter, die mir alle gefielen. Ich kann mich sogar noch an ihre Namen erinnern: Waltraud, Edeltraud und Rotraud hießen sie.

Eines Sonntags war alles anders. Diesmal in der Kirche angekommen, verlangte Mutter von mir, ich solle den Portiuncula-Ablass beten. Mir würden dann die lässlichen Sündenstrafen erlassen werden und ich müsste nicht so lange im „reinigenden“ Fegefeuer verbringen, um in den Himmel kommen zu können. Auf die Frage, was ich da tun müsste, sagte sie mir, ein „Gegrüßet seist du Maria" und ein „Vaterunser" beten, währenddessen einmal um die Kirche gehen, das Ganze zehnmal und zum Schluss ein „Glaubensbekenntnis" in der Kirche. Das hat sie sich natürlich selbst ausgedacht, weil ich später, etwa im Religionsunterricht, nie mehr was vom Portiuncula-Ablass gehört habe. Ich habe es damals als eine Marotte meiner Mutter betrachtet und mir gesagt: Wenn es nichts nützt, es schadet auch nicht. An den Himmel, an die Hölle, das Fegefeuer und an die „Sünden" habe ich im Alter von sechs Jahren so wenig geglaubt wie mit acht, zwölf oder vierzehn Jahren. Im Internet fand ich den Hinweis, der Papst hätte der Kongregation der Franziskaner den Gebetsablass (u. a. Portiuncula) „erlaubt", weil die durch materielle Geschenke an die Kirche gewährten „Ablässe" so in Verruf geraten seien.

Heute lehne ich Religion aller Glaubensrichtungen entschieden ab, den Religionsunterricht halte ich für bewusst verbreitete Unwahrheiten (man könnte auch sagen Ideologie, Mythen, Märchen, verknüpft mit Aberglauben), die sich gegen die Vernunft richten; ich halte sie für ein „Vergehen am Geist" junger Menschen.

Als Wiener habe ich mich später viel mit Erkenntnis- und Wissenschaftstheorie beschäftigt, die Vertreter des logischen Empirismus stammten aus Wien, bevor die meisten emigrieren mussten. Ich möchte nur die Namen Mach, Neurath, Popper und Wittgenstein erwähnen.

Elektrifizierung und Getier

Die Aufbewahrung von Lebensmitteln (damals ohne Kühlschrank) fand in der „Speis" statt, einem relativ kühlen Raum neben der Küche. Es lagen in früherer Zeit aber auch immer Reste von Lebensmitteln auf dem Fußboden oder auf Bänken herum. Mehrmals tägliches Auskehren konnte einen Staubsauger nicht ersetzen. Dies bedeutet, dass für kleine Lebewesen wie die Stubenfliege immer Nahrung im Überfluss vorhanden war, dementsprechend viele Fliegen gab es auch. In den Zimmern benutzte man sogenannte Fliegenfänger, mit süßem Klebstoff beschmierte, ca. einen Meter lange Papierstreifen, die man an der Decke befestigte. Erst wenn etwa fünfzig Fliegen daran klebten, wechselte man die Fliegenfänger aus. Natürlich konnte man die Fliegen auch mit einer Fliegenklatsche erlegen; wenn es mehrere werden, wird es aber bald unappetitlich.

Die Stubenfliege lässt sich auch mit der Hand fangen, das erfordert aber ein wenig Geschick: Vorerst schaut man, in welche Richtung die Fliege losfliegen wird, wenn sie attackiert wird, das sieht man an der Position des Fliegenkopfs. Auch sollte die Fliege sitzen und mit ihrem Rüssel beschäftigt sein, also Nahrung aufsaugen. Jetzt sollte man mit halb geöffneter Hand möglichst rasch in etwa10 cm Höhe entgegen der angenommenen Flugrichtung der Fliege darüberstreichen und die Hand schließen. Wenn man alles richtiggemacht hat, befindet sich die Fliege in der Hand. Sie fliegt allerdings sofort weg, wenn man die Hand öffnet und nachschaut, ob man die Fliege gefangen hat. Deshalb wird sie in der Hand „gewuzelt", sodass sie nicht mehr fliegen kann.

Ein beliebtes Spiel der Landkinder war es, eine Bremse zu fangen, ihr dann einen Stroh- oder Grashalm durch den Leib zu stechen, um das Tier dann wieder loszulassen. Das Vergnügen bestand offenbar darin, Gras- oder Strohhalme so in der Luft herumfliegen zu sehen, was sich die Leute nicht erklären konnten. Mir waren solche Tierquälereien zuwider und ich habe solche Spiele nicht mitgemacht. Bremsen sind allerdings besonders lästige Blutsauger und ihr Stich schmerzt mehr als der einer Gelse (Stechmücke). Wenn sie uns gestochen hat, haben wir sie sofort mit einem Schlag zerquetscht, aber Quälen ist eine andere Sache.

Die ekelhaftesten Fliegenlarven sind die „Klowürmer". Aus den Eiern von großen Fliegen, die vermutlich in die Fäkalien gelegt worden sind, entwickeln sich Larven, die an den Wänden der „Plumpsklos" emporklettern. Diese Larven werden sich später verpuppen, um dann zu prächtigen Fliegen zu werden. Als weiße Klowürmer, wie sie in der Größe eines Kleinfingergliedes, beschmutzt von Fäkalien und Jauche, an der Innenseite der Plumpsklos emporklettern, lösen sie Ekel und Abscheu aus. Wenn wir nach Abheben des Klodeckels die Klowürmer sahen, wollten wir die „Toilette“ am liebsten nicht mehr benützen.

Die Zivilisation auf dem Land lag folglich in erheblichem Maße in den Händen der Elektriker und Installateure. Was die Stromversorgung betrifft, war die Gegend von Zirking vermutlich eine der letzten in Österreich. Die Elektrizitätswerke Schwertberg/Perg versorgten erst um 1950 unsere Gegend mit Strom. Eines Tages stand ein Strommast vor dem Haus an der Straße und Onkel Albert, der gelernter Elektriker war und in der Nachkriegszeit in Belgien und Luxemburg gearbeitet hatte, erklärte, er werde das Haus „elektrifizieren“. Nach ein paar Tagen des Stemmens und Verlegens von Leitungen wurden Schalter und Stecker montiert. Dann kam der Moment, da Onkel Albert sagte „Licht einschalten“, und ab nun leuchteten die Glühbirnen wie in Wien. Ich hatte großen Respekt vor Onkel Albert, der alles allein gemacht hatte und immer wusste, wie es geht.

Der Hund Harras und Tante Poldi

Eines Tages kam Onkel Albert nach Hause – er war einige Tage weg gewesen – und brachte einen großen Schäferhund mit. Zu uns Kindern sagte er: „Er heißt Harras, und obwohl er ein sehr starker und großer Hund ist, braucht ihr keine Angst vor ihm zu haben, er ist gutmütig.“ Harras hat sich sehr schnell an unsere Familie gewöhnt und hat sich gerne von Helmut und mir streicheln lassen. Man konnte auch mit ihm herumbalgen, er hat nie gebissen. Wir gehörten zu seiner Gruppe, auf die er aufpasste. Auch Tante Poldi hat er sehr gern gehabt und spielte oft mit ihr. Als sie einige Jahre nach Kriegsende von Leonidas, ihrem Mann, die Nachricht erhielt, dass Griechenland wieder „sicher“ sei, verließ sie Zirking, wo sie den

Großteil der Kriegsjahre verbracht hatte, und fuhr mit der Eisenbahn nach Athen (was damals eine sehr lange und beschwerliche Reise war).

Sie hat uns öfters grauenvolle Geschichten über den Bürgerkrieg in Griechenland erzählt, der dort noch viel länger anhielt als der Zweite Weltkrieg. Die Leute seien so fanatisch gewesen, dass sie sich sogar mit dem Blech von Konservendosen den Hals aufgeschnitten hätten. Der Abschied von ihren Eltern, ihrer Schwester und uns Kindern ist ihr schwergefallen, sie versprach aber, jedes Jahr wieder auf Besuch zu kommen. Das war dann auch der Fall. Tante Poldi hat in eine reiche griechische Familie geheiratet, über die wir auch seltsame und fürs Erste unverständliche Geschichten gehört haben. So war ein Bruder ihres Mannes Kapitän auf einem griechischen Kriegsschiff, das zu Revolutionszeiten in St. Petersburg war. Dort hatte der Kapitän eine Beziehung mit einer schönen adeligen Russin, die ihn bat, sie, ihren Mann und ihr kleines Kind nach Griechenland mitzunehmen. Das hat er auch getan. Leider ist der Kapitän bald gestorben, weil er so unvorsichtig war, nach einem guten Essen ins Wasser zu springen. Ein Herzinfarkt war die Folge. Jahre später, als ich als junger Mann nach Griechenland eingeladen war, habe ich die russische Gräfin und ihre Familie kennengelernt.

Im Fotoalbum von Tante Poldi fand ich ein Foto von Poldi mit Harras, in ihrer Handschrift war auf der Rückseite des Fotos zu lesen: Abschied von Zirking (1951). Damit war auch der Abschied von Harras gemeint, dem Hund, den sie offenbar sehr gern hatte. Mit Harras gab es in der Folge nachher jedoch ein großes Problem: Nachdem Harras einige Male abends weggelaufen und mit blutiger Schnauze zurückgekehrt war, stellte Onkel Albert fest: „Der Hund wildert. Entweder wir sperren ihn ein oder er wird irgendeinmal von einem Jäger erschossen." Es war fast unmöglich, den Hund am Abend einzusperren, dazu war er zu schlau. Als Harras einmal zwei Tage ausblieb, wussten wir, dass ihn sein Schicksal ereilt hatte.

Tante Poldi hat uns später in Wien nie vergessen. Helmut und ich bekamen jeder monatlich zehn bis zwanzig Dollar als Taschengeld von Poldi geschickt, womit wir uns kleine Sachen, wie „Tarzan"-, „Micky Maus"- oder „Fulgor, der Weltraumflieger" – Hefte kaufen konnten. Außerdem kam sie jeden Sommer nach Österreich. Ich war dann erstmals im Alter von achtzehn Jahren in Griechenland, Helmut mit sechzehn. Es folgten noch sehr viele Reisen nach Griechenland.

Abbildung 8: Tante Poldi vor der Abreise nach Athen mit Haushund Harras, Zirking, September 1951

Onkel und Tanten beim Musizieren

Zu besonderen Anlässen, wie Geburtstagen der Großeltern oder großen Jahresfesttagen, kamen Onkel und Tanten mütterlicherseits im Haus in Zirking zusammen. Abends wurde dann meist musiziert, weil das ganze „Orchester" beisammen war. Tante Poldi spielte ausgezeichnet Zither, sie gab den Grundrhythmus und die Harmonien an. Onkel Albert spielte ausgezeichnet Geige und hatte die Rolle der Stimmführung inne. Mit Tante Grete und ihrer Gitarre hatten wir eine Profi-Musikerin unter uns. Meine Mutter war, wie Grete, eine gute Sängerin und Onkel Franz, der Vater meiner Kusine Gisela, spielte ganz hervorragend die Mundharmonika. Ich kann mich gut an die Musikabende, die von allen mit großer Freude, aber auch mit dem nötigen Ernst betrieben wurden, erinnern. Heute wundere ich mich darüber, wie meine Tanten und Onkel so viele Instrumente und Musikstücke beherrschen konnten, da sie ja eigentlich nur in der Schule ein wenig Musikunterricht gehabt hatten. Wir waren also eine musikalisch sehr begabte Familie und auch ich begann mit dem Geigenspiel in Wien in der Volksschulzeit.

Tante Poldis Zither habe ich geerbt, aber ich kenne niemanden aus meiner Verwandtschaft, der sie spielen könnte. Ich habe Tante Poldi einige Male in Athen besucht. Als sie noch nicht ganz so alt war, hat sie mir noch manchmal etwas vorgespielt. Das Zitherspiel ist durch den Heurigen-Musiker Anton Karas nach dem Krieg noch einmal sehr bekannt geworden, als er die Musik zum Film „Der dritte Mann" spielte.

Teil C

Wien-Liechtensteinstraße, Lenaugasse, 1945–1952

Englischunterricht in der Vorschulzeit

Helmut war drei Jahre alt und ich sieben Jahre, da beschloss Mutter uns zum Englischunterricht zu schicken. Mutter kannte eine alte pensionierte Englischlehrerin, der es finanziell gleich nach dem Krieg sicher nicht gut ging, außerdem war sie alleinstehend. Sie bewohnte eine riesige Altbauwohnung nicht weit entfernt von uns, sodass wir ein- bis zweimal wöchentlich zu ihr kamen. Die Englischlehrerin hatte kein Geld, um die Wohnung zu beheizen. Um auch im Winter einen einigermaßen warmen Platz in der Wohnung zu haben, wo zumindest vier Personen sitzen konnten, konstruierte sie eine Art Zelt (mit gespannten Decken) in der Mitte ihres größten Zimmers. In dem standen dann ein kleiner Tisch, vier Sessel und ein kleiner, stinkender Petroleumofen, der keinen Abzug hatte, aber doch genug Wärme lieferte, um nicht frieren zu müssen. Da saßen wir ungefähr eine Stunde und übten Begrüßungen und einfache Redewendungen. Man muss Mutter für die Englischstunden-Idee danken. Irgendwie hat sie die zukünftige Entwicklung in Österreich vorausgesehen. Im Alter von dreizehn Jahren hat sie mich dann im Rahmen des Schüleraustausches nach England geschickt. Helmut hat damals vom Unterricht sicher nicht so viel profitiert wie ich, aber sinnvoll war es doch.

Durch die Kontakte der Englischlehrerin mit der amerikanischen Botschaft wurden wir auch zu einer Weihnachtsfeier in der Botschaft (damals in Hietzing) eingeladen (1950). Ich wurde zu einem Auftritt verpflichtet: ich sollte Weihnachtslieder mit der Geige spielen, einen Pianisten würde man schon auftreiben. Natürlich war ich nervös, hatte aber schon gehört, dass man das „Lampenfieber“ beherrschen müsse. Ein junger, nur Englisch sprechender amerikanischer Pianist sah sich mit mir die Noten durch und wir beschlossen, drei Stücke mit Wiederholungen zu spielen, damit die Leute (es waren inzwischen sicher mehr als hundert) mitsingen konnten. Das Konzert war erfolgreich und es gab viel Applaus. Zum Abschluss der Feierlichkeiten gab es noch ein Weihnachtspaket, es enthielt einen Baseball, einen American Football, ein Spielzeugauto und Süßigkeiten. Ich und Mutter waren sehr stolz auf das Ereignis. Ich hatte noch nie vor so vielen Menschen Geige gespielt, ich war vor allem stolz darauf, die Nerven behalten zu haben.

Unsere Schlafgenossen: Teddybär und Wurstel

Irgendeinmal bekommen alle Kinder einen Schlafgenossen oder ein Einschlaftier, es gibt viele Bezeichnungen dafür. Eines Tages präsentierten uns die Eltern einen Teddybären und einen Wurstel als Geschenk. Beide waren schön, aber es war klar, dass der Teddybär das wertvollere Stück war. Erstens war er viel größer als der Wurstel.Zweitens war er mit viel Liebe und Sorgfalt aus einer alten Soldatendecke gemacht und er hatte einen sehr lieben, aber nicht kitschigen Gesichtsausdruck. Natürlich wollten wir beide den Teddy. Ich als der Ältere und Größere setzte mich durch, für Helmut blieb der Wurstel. Ich wusste, dass das nicht ganz fair war, aber schließlich hätten sich die Eltern ja denken können, dass die Aufteilung zwischen uns so verlaufen würde. Letztlich hat Helmut seinen Wurstel aber auch sehr liebgewonnen, er nahm ihn fast überallhin mit und schlief auch mit ihm. Der Teddy war mein ständiger Begleiter, auch auf Reisen. Mit zunehmendem Alter wird die Funktion des Schlafgenossen weniger wichtig, er steht oder liegt dann in einer Ecke des Zimmers, aber gehört „mir“ und man will ihn eigentlich nicht missen.

Ich glaube, ich war schon sechzehn, als ich bemerkte, dass mein Teddybär nicht mehr auf seinem gewohnten Platz war. Ich suchte ihn, und als ich ihn nicht mehr fand, fragte ich Mutter, ob sie den Teddy gesehen hätte. Sie erklärte mir, sie hätte ihn für die Linzer Verwandtschaft, wo sie unlängst zu Besuch war, als Geschenk mitgenommen. Sie hätte es sehr eilig gehabt und nicht gewusst, was sie mitnehmen könne, und da hätte sie sich für den Teddybären entschieden. Ich war verärgert und zornig, es war mir sogar zum Weinen zumute. Zum ersten Mal habe ich in diesem Moment Mutter wegen ihrer Rücksichtslosigkeit gehasst und ihr meine Enttäuschung auch vorgehalten. Das wollte sie nicht verstehen und hat etwas über mein Alter, im Sinne von „das sei doch nicht mehr notwendig", entgegengehalten. Ganz abgesehen von der emotionalen Komponente war der Teddybär für mich zu einer Art Kunstobjekt geworden, da er die Anstrengung von Menschen symbolisierte, in äußerster Ressourcenknappheit – wie es im Krieg der Fall war – schöne Dinge aus Abfall (z. B. aus einer alten, dunkelgrauen Soldatendecke) zu produzieren, um Emotionen und Wünsche befriedigen zu können. Die Nachkriegsindergeneration würde das sicher nicht mehr verstehen und einen braunen Plüschteddy sicher schöner finden. Ein Teddy wie meiner würde bald im Abfall landen.

Weihnachtsgans und Badewanne

Es war noch zu der Zeit, als wir nach Kriegsende in Untermiete wohnten, wir hatten ein großes Wohnschlafzimmer und eine Küche mit Badewanne. Von dort sind wir dann in eine kleine Substandardwohnung umgezogen, da hatten wir wenigstens die Wohnung ganz allein. Die Geschichte mit der Gans hat sich noch in der Untermietwohnung abgespielt. Eines Tages kam Mutter mit einer lebenden Gans nach Hause. Mutter behauptete, sie könne die Gans ernähren und auch schoppen, damit sie zu Weihnachten das richtige Gewicht hätte. Es gäbe dann einen richtigen Weihnachtsbraten. Vater war zwar skeptisch, hat sich aber nicht strikt gegen die Gans in der Küche ausgesprochen. Die Gans musste die meiste Zeit in einer Kiste verbringen und war ganz aufgeregt, wenn Mutter sie zum Füttern aus der Kiste herausnahm. Dabei schnatterte die Gans, und das hörte auch der Wohnungsbesitzer, bei dem wir als Untermieter einquartiert waren. Er wies darauf hin, dass das Halten von Nutztieren in Wohnungen verboten sei. Mutter gelang es irgendwie, den Wohnungsbesitzer zu beruhigen. Wahrscheinlich wies sie darauf hin, dass die Gans zu Weihnachten weg sein würde.

Nach einiger Zeit bekam die Gans einen Namen. Sie wurde Gretel, wie die Schwester von Mutter, benannt. Mutter begann auch, die Gans Gretel gerne zu haben. Obwohl das Schoppen der Gans nicht nett zum Ansehen war – ich habe das stets vermieden – entwickelte Mutter die Idee, die Gans, die eigentlich Wasser gewohnt war, hin und wieder zu baden. Dabei spreizte Gretel die Flügel in der Badewanne und schlug mit ihren Flügeln auch ordentlich, sodass Wasser in der Küche herumspritzte. Dann musste die Küche natürlich wieder gereinigt werden.

Es muss knapp vor Weihnachten gewesen sein, als ich von der Schule nach Hause kam und Mutter weinend vorfand. Ich fragte sie, was denn los sei, da sagte sie: „Ich habe die Gretel umgebracht." Am Weihnachtsabend saßen wir vor einer großen Menge gebratener Gänseteile. Eigentlich hatte niemand von uns wirklich Lust, zu essen. Die Kartoffelknödel und der Salat waren uns lieber. Es brauchte schon einige Zeit, bis die Teile der Gretel komplett verschwunden sind.

Mutter kocht

Mutter behauptete immer, sie koche nicht gerne. Tatsächlich hat sie aber mehr Zeit für Kochen aufgewendet als andere Frauen. Dies passierte ihr, weil sie nicht plante und keine Zeiteinteilung hatte. Wenn man nicht weiß, was morgen und übermorgen auf dem Tisch stehen soll, kann man auch nicht preiswert einkaufen. Mutter kaufte meist zu viel ein und beschwerte sich bei Vater, kein Geld mehr fürs Einkaufen zu haben. Sie war beim Einkauf von ihrer Spontaneität geleitet.

Praktisch lief dann alles so ab: Das Frühstück bestand aus Milchkaffee, Butterbrot mit Marmelade oder Honig, manchmal auch mit einer Wurst. Viel Zeit fürs Frühstücken gab es nie, Vater musste ins Büro (im Rathaus), ich und später auch Helmut in die Schule, wobei der Weg in die Schule etwa zwanzig Minuten erforderte.

Mittags gab es eine Suppe und dann eine „Hauptspeise", die meist aus den Resten vom Vortag bestand. „Das muss weggegessen werden, sonst wird es schlecht", hieß es. Als wir davon schon satt waren, begann Mutter aber das Hauptgericht aufzutischen, das sie für den heutigen Tag geplant hatte. Das konnten mit Fleisch gefüllte Knödel sein, aber auch Teile eines Huhns oder Truthahns, Spinat mit Spiegelei, Krautfleckerl, Gulasch mit Knödeln, Schweinsrippchen mit Kartoffeln, Kaiserschmarrn oder irgendein „Auflauf aus dem Rohr". Da wir schon satt waren, aßen wir die neue Speise nicht vollständig auf, wohl wissend, dass wir diese morgen wiedersehen würden. Und so ging es Tag um Tag. Einen Vorteil hatte ihr planloses Kochen: Wenn unangemeldeter Besuch kam, war auch immer etwas da, mit dem man Gäste bewirten konnte. Als ich schon auf die Universität ging, bewirtete Mutter immer meine Freunde, denen es meist gut schmeckte. Auch an originellen Nachspeisen fehlte es nicht.

Um Zeit und Energie zu sparen (in Wien kochte man mit Gas) fand Mutter es besonders praktisch, Kochtürme aufzubauen: im unteren Teil wurde gekocht oder gebraten, im oberen Teil gewärmt. Natürlich konnte Mutter diese verschiedenen Prozeduren nicht immer unter Kontrolle halten. Anbrennen war an der Tagesordnung Besonders Milch und Kartoffeln entwickelten erstaunlich abscheuliche Gerüche, wenn sie anbrannten.

An eine Situation erinnere ich mich noch so deutlich, als ob es erst gestern gewesen wäre. Wieder einmal sind die Kartoffeln vollständig verkohlt. Mutter schüttete Wasser auf die Kartoffeln. Die entstehende Rauchwolke war so dicht, dass man fast die Hand vor den Augen nicht mehr sehen konnte. Ich flüchtete aus der Wohnung auf den Balkon. Mutter riss die Fenster auf und ein riesiger Rauchpilz stieg aus dem Fenster in den Hof. In diesem Augenblick kam Vater durch das Haustor herein, blickte auf den Rauchpilz, blieb kurz stehen, drehte sich dann abrupt um und verließ das Haus.

Als die Wohnung durchlüftet war, sagte Mutter: „Ich muss jetzt schnell Kartoffeln kochen, denn es fehlt die Beilage und Toni (ihr Ehemann) kommt bald." Da sagte ich ihr, dass Vater schon dagewesen sei und angesichts des Rauchpilzes wieder weggegangen sei. Da war Mutter traurig, aber eine halbe Stunde später gab es ein gutes Essen.

Diese Art zu kochen erfordert viel Geschirr, das immer in der Küche herumstand. Wir flüchteten vor Mutters Chaos und halfen ihr auch nicht bei dem Abwasch, weil wir uns in ihrem Chaos nicht zurechtfanden.

Abbildung 9: Der Autor mit Mutter und Bruder, Wien 1954

Als Vater die Mutter in den Christbaum warf und Skilauf am Kahlenberg

Weihnachten war für Vater immer eine sehr stressige Zeit. Vater glaubte, jeder in der Familie erwartete von ihm Geschenke, wo es sich mit dem Geld nicht wirklich ausging, denn Mutter hatte immer einige ungeplante Ausgaben im Kopf.

Oft war Vater nicht ansprechbar, ließ sich überhaupt wenig zu Hause blicken und kam abends oft erst spät nach Hause, nachdem wir Kinder schon schlafen gegangen waren. Diese Weihnachten war es besonders arg. Am Vormittag schickte uns Mutter weg, damit sie in Ruhe den Christbaum aufputzen konnte. Der Christbaum kam vorerst ins Kabinett, dann wurde gekocht und zuletzt wurde der Christbaum ins Wohnzimmer gebracht und die Kerzen entzündet, Weihnachtslieder gesungen, und dann durften wir die diversen Geschenkpäckchen auswickeln. Vater war nicht dabei. Am späten Abend, als wir uns mit unseren diversen Geschenken (die meisten von Mutter) beschäftigten, kam Vater doch noch nach Hause. Man bemerkte zwar, dass er etwas getrunken hatte, aber betrunken war er nicht. Ich erinnere mich nicht, meinen Vater je betrunken gesehen zu haben. Er suchte nach etwas Geld in seiner Brieftasche, die er zu Hause gelassen hatte, und wollte dann wieder weggehen. Mutter stellte sich Vater in den Weg, hob flehentlich die Hände und sagte: „Toni, bleib doch, wegen der Kinder." Da schob Vater – auf dem Weg zur Türe – Mutter beiseite und gab ihr einen kleinen Schubser. Mutter stolperte und fiel rücklings in den Christbaum, der mit ihr umfiel. Einige der Glaskugeln zerbrachen, glücklicherweise brannten die Weihnachtskerzen nicht mehr. Vater ging weg, Mutter kehrte die Scherben weg, wir saßen noch eine Weile herum. Ich sagte: „Morgen ist Weihnachten vorbei, dann ist alles wieder normal". Wir gingen schlafen und die folgenden Tage waren wirklich wieder normal. Wir feierten sogar Vaters Geburtstag einen Tag vor Neujahr mit einer „Linzer Torte", die Mutter fabriziert hatte. Alle waren zufrieden.

Abbildung 10: Wien, Lange Gasse, Mutter zu Weihnachten, 1957

Nicht alle Weihnachten sind so verlaufen wie die eben erzählten. Ich erinnere mich noch an meine ersten Skier, die ich zu Weihnachten bekam. Ich war sechs Jahre alt und an einem der Feiertage ging ich mit Vater auf eine Wiese am Kahlenberg Ski laufen (das alte, heute nicht mehr verwendete Wort für Ski fahren). Damals gab es in Wien und rund um Wien noch viel Schnee. Zum Abschluss gab es dann noch die Abfahrt vom Kahlenberg, auf der ehemaligen Trasse der Zahnradbahn, die von Nußdorf auf den Kahlenberg führte. Heute wäre dies auch bei guter Schneelage nicht mehr möglich, weil die Trasse von vielen Einfamilienhäusern und Villen bebaut ist (es ist eine der besten Wohnlagen Wiens). Die ganze Abfahrt konnte man „im Schuss“ fahren, da sie nicht steil war. Ich kann mich erinnern, dass sehr viele Leute mit Skiern unterwegs waren. Wir fuhren dann mit der Straßenbahn von Nußdorf nach Hause.

Abbildung 11: Wien, Autor mit Mutter und Bruder, 1957

Der Pyjamajack und „Lach-schwach“

In den Auseinandersetzungen zwischen kleinen Geschwistern werden im Film und im Fernsehen meist Polsterschlachten gezeigt. Im Prinzip geht es immer darum, den anderen zu dominieren, mit einem großen Polster dem anderen die Luft zu rauben, ihn niederzuwerfen, zum Aufgeben zu zwingen. Mutter hat das nicht gerne gesehen, weil ja auch die Pölster darunter litten und das Herumtrampeln auf den Betten und Sofas für die Möbel nicht gut war. Manchmal sind Bettfedern gesprungen oder es ist etwas eingerissen und Reparaturen waren teuer.

Mein Bruder Helmut und ich entwickelten eine andere „Kampftechnik“. Wir definierten den Pyjamaoberteil meines Vaters als das ekelhafteste Objekt im Haus. Der Pyjamajack – so nannten wir dieses Kleidungsstück – unterschied sich äußerlich in keinem Merkmal von einem normalen Pyjama. Er lag untertags im Schlafzimmer der Eltern unter der Bettdecke, wurde vom Vater nur zum Schlafen verwendet, nie aber beim Abendessen oder im Wohnzimmer. Wir haben Vater daher nur selten im Pyjama sehen können. Das Kleidungsstück war meistens frisch gewaschen und gebügelt, war also weder verschmutzt noch von einem Geruch belastet. Sicher hatte der Pyjamajack eine sexuelle Aura, denn Vater lag mit Mutter im Bett, der Pyjamajack war immer dabei. Es genügte, das Wort „Pyjamajack" auszusprechen, um den anderen zu erschrecken, ihn in Verteidigungsbereitschaft zu setzen. Er musste damit rechnen, in diesem Augenblick mit dem Pyjamajack attackiert zu werden. Als besonders schlimm galt der Angriff auf das Gesicht des Gegners. Mit Abscheugesten riss man sich den Pyjamajack vom Gesicht, um dann sofort damit den Bruder zu attackieren. Manchmal wurden die Attacken ganz perfid vorbereitet: Man versteckte den Pyjamajack z. B. unter einem Polster im Wohnzimmer, um ihn gleich zur Hand zu haben. Wenn Vater dabei war, haben wir dieses Spiel natürlich nie gespielt.

„Lach-schwach" war eine elaborierte Form des „Kitzelspiels" unter Kindern. Die meisten Kinder sind kitzelig und vermeiden es, gegen ihren Willen gekitzelt zu werden. Hals, Armbeuge, Kniebeuge sind solche empfindlichen Stellen, und wenn man gekitzelt wird und zu lachen anfängt, wird man immer empfindlicher. Das Kitzelspiel wird erst abgebrochen, wenn das Opfer sich massiv wehrt.

Unsere elaborierte Variante des Kitzelspiels setzt beim Lachen ein. Bringt man den anderen zum Lachen und sogar zu Lachkrämpfen, ist er erledigt und hat verloren; wenn er aus dem Lachen nicht mehr herausfindet, ist er „schwach" und der Verlierer. Mit den Worten „Lach-schwach" und dem anfangs eigenen künstlichen Gelächter („ha, ha, ha") versucht man, den anderen zum Lachen zu bringen. Nach einer Weile lachen dann beide und das Ganze verstärkt sich gegenseitig. Einer verliert irgendwann die Kontrolle über sein Lachen. Dann kann er auch physisch attackiert werden und er verliert, weil er ja in der Situation der Schwächere ist. Dieses Spiel haben wir zumindest bis zum zehnten Lebensjahr meines Bruders (ich war vierzehn Jahre alt) gespielt, wobei der Sieger nie feststand.

Abbildung 12: Der Autor mit Vater, Rote-Kreuz-Wiese, Wienerwald, 1955

Vaters Eifersucht

Vater war, so schien es uns Kindern jedenfalls, extrem eifersüchtig. Ich kann mich nicht erinnern, dass Mutter mit einem anderen Mann ein Verhältnis gehabt hätte, aber sie wusste, dass ihr Mann eifersüchtig war, und sie liebte es offensichtlich, mit kokettem Verhalten gegenüber anderen Männern in seiner Gegenwart ihn zu ärgern. Vermutlich hat sie mit diesem Verhalten seine Eifersucht auch „gespeist".

Dazu ein Ereignis, das jahrelange Folgen hatte. Tante Grete war in Wien, weil sie bei einem großen Zirkus an der Kasse arbeitete. Als Sängerin war sie mit dem Verhalten der Zirkusleute vertraut, weil sie auch in ihnen Künstler sah. Deshalb hat sie wohl diesen Job angenommen. Eines Tages lud Tante Grete Mutter ein, mit ihr und einer Gruppe von Bekannten zum Heurigen zu gehen. Offenbar hat Mutter Vater davon in Kenntnis gesetzt, denn Mutter ging Gretel vom Zirkus abholen und dann gleich zum Heurigen. Vater war nervös, blickte häufig auf die Uhr und ca. um elf Uhr, Helmut und ich waren schon lange vorher zu Bett gegangen, hörten wir laute Hammerschläge. Wir standen auf und gingen ins Vorzimmer, dort sahen wir Vater zwei lange Nägel in die Türe schlagen. Die Türe war somit am Türstock festgenagelt und konnte mit dem Schlüssel nicht mehr geöffnet werden. Mutter und Tante Grete kamen spät, vielleicht zwischen Mitternacht und ein Uhr nach Hause und konnten nicht in die Wohnung. Als sie realisierten, dass die Türe vernagelt war, ging Tante Gretel in ein Hotel, Mutter blieb vor der Türe sitzen bis Vater die Türe am Morgen mit einem Geißfuß öffnete und ins Büro eilte.

Tante Gretel erhielt von Vater ein Verbot zum Betreten unserer Wohnung, Mutter musste das zur Kenntnis nehmen und konnte ungefähr zehn Jahre lang Tante Gretel nur außerhalb der Wohnung treffen. Das tat uns Kindern auch leid, weil wir Tante Gretel sehr gerne hatten und weil sie immer lustige Geschichten erzählte. Vaters Verhalten fanden wir stark übertrieben, ein Heurigenbesuch war schließlich keine besondere Angelegenheit.

Mutter heiratet meinen Vater zum zweiten Mal, weil sie die heiligen Sakramente empfangen will

Über die Religiosität meiner Mutter habe ich schon berichtet; und so geschah es, dass ich im Alter von sieben Jahren ungewollt Trauzeuge meiner Eltern wurde Diese Geschichte hat sich in Wien abgespielt. Eines Tages erklärte Mutter, sie sei nur standesamtlich verheiratet und es sei ihr daher nicht möglich, die Sakramente der Beichte und der Kommunion zu empfangen. Für die mit den christlich religiösen Regeln nicht so Bewanderten und Uneingeweihten: In der Beichte berichtet man dem Priester alle Sünden, die man seit der letzten Freisprechung (Beichte) begangen hat. Bereut man diese Sünden (wie es der Beichtende dem Priester auch versichern muss) und erklärt man sich bereit, Buße in Form von Gebeten zu tun, wird man vom Priester von den Sünden freigesprochen. Dies bedeutet, dass man nach dem Tode im Prinzip in den Himmel kommt. Die Kommunion bedeutet, dass man im Zustand nach der Beichte die Hostie (eine Getreideoblate als Brotsymbol) essen darf. Die Getreideoblate wird vom Priester in der „heiligen Messe" während der Wandlung in das „Fleisch Jesu Christi" transformiert. Während der Priester das „Blut" Jesu trinkt (d. h. etwas Rotwein während der Wandlung), essen die Gläubigen das „Fleisch" Jesu Christi (laut Transsubstantionslehre findet dies nicht symbolisch, sondern „wirklich" statt). Als nicht katholisch Getaufter kann man diese Sakramente nicht empfangen, auch die nicht kirchliche Eheschließung schließt davon aus.

Das bedeutete: Religionsunterricht für beide Eltern und mich, mein Vater musste zustimmen, seine Kinder katholisch zu erziehen, und ich trug die Hochzeitsschleppe meiner Mutter in der Votivkirche. Im Zuge dieser Zeremonie wurde ich natürlich auch getauft, auch wenn ich meinen standesamtlichen Namen schon vorher erhalten hatte. Mein Taufpriester war der damalige hochrangige Prälat Wildenauer. Er ist unter Felskletterern als Erschließer der Hohen Wand bekannt, er erkletterte an vielen Sonntagmorgen den „Teufelsgrat", um in einer kleinen Kapelle auf dem Plateau der Hohen Wand die Messe zu lesen. Als späterer Kletterer habe ich mich an meinen Taufpriester erinnert, als ich den Teufelsgrat auch selbst öfter begangen habe.

Mein Vater hat sich um die Kirche nicht weiter gekümmert. Er ging Sonntag vor Mittag in den Wienerwald und teilte uns mit, auf welcher Wiese (z. B. „Rote-Kreuz-Wiese“) wir ihn finden würden. Nach dem Wunsch unserer Mutter mussten Helmut und ich natürlich in die Neun-Uhr-Messe gehen. Burschen und Männer rechts, Mädchen und Frauen links. Mir rutschten immer die Socken herunter, weil die eingezogenen Gummis schon schwach waren, was mir vor den Augen aller sehr unangenehm war. Der Seitenblick auf die alten Frauen, die mit einer sehr künstlich wirkenden Gebärde so taten, als ob sie sich auf die Brust schlagen würden („mea culpa, mea culpa, mea maxima culpa“), erzeugte in mir massive Ablehnung bis hin zu Ekelgefühlen. Kontakte mit den Mädchen konnte man auch keine herstellen.

Ich glaube, ich war schon zwölf Jahre alt, als meine Mutter in einer Konfliktsituation wieder einmal zum Teppichpracker griff und auch damit losschlug. Ich nahm ihr den Teppichpracker einfach weg, zerbrach ihn, warf ihn aus dem Fenster auf die Straße und sagte: „Ich werde niemals wieder in die Kirche gehen, damit ist jetzt endgültig Schluss!“ Da begann Mutter zu weinen, da tat sie mir schon wieder leid, aber ihr Kommentar war auch nicht trivial: „Das ist, weil du so spät getauft worden bist, in dieser Zeit hat der Teufel die Kontrolle über dich übernommen!“

Mein Vater hatte die Kirche ebenfalls als Zwangsinstitution (Dollfuß-Ära) erlebt. Er redete aber selten darüber und wollte auch nichts mehr von ihr hören. Ehen zwischen Katholiken und „Ungläubigen“ waren in der Kirche seit jeher verpönt, dafür gab es sogar den Begriff „Mischehe“ (auch für Ehen zwischen Katholiken und anderen christlichen Richtungen, z. B. Evangelischen).

Meiner Mutter war die katholische Religion aber nicht genug. Zur Befriedigung ihrer spirituellen Bedürfnisse fand sie immer wieder extreme Persönlichkeiten, die in Vorträgen (vornehmlich im „Alten Rathaus“) ihre Weltsicht zum Besten gaben. Einmal habe ich meine Mutter auf ihr flehentliches Bitten hin und aus eigener Neugierde begleitet. Der Großteil der Besucher war schon älter, meine Mutter fand dort Kontakte zu Esoterikerinnnen und Astrologinnen.

Die Geschichte von der zerbrochenen Geige

Ich glaube, ich habe mit etwa sechs Jahren Geigenunterricht bekommen, mein Bruder bekam etwas später Klavierunterricht. Geige war keine besonders gute Wahl meiner Eltern: Erstens dauert es eine Weile, bis man das, was man übt und spielen kann, auch selbst gerne hört, zweitens ist es ein Instrument, bei dem die Anwendung in der klassischen Musik dominiert. Ich hörte als Jugendlicher später gerne Jazz, bei dem der Zugang mit der Geige schon technisch sehr schwierig ist.

Trotzdem kam der Moment, als der Geigenlehrer sagte: „Es ist an der Zeit, ein besseres Instrument zu kaufen. Mit deiner einfachen Schulgeige kommen wir nicht weiter." Zu dieser Zeit spielte ich schon ein Mozart- und ein Vivaldi-Violinkonzert und Schubert-Sonatinen. Mein Geigenlehrer kannte einen Geigenbauer im Bezirk, der auch Geigen für Musiker der Symphoniker und Philharmoniker baute und reparierte. Eine sehr schöne Konzertgeige mit einem prächtigen Ahornboden könnte er mir zu einem günstigen Preis überlassen. Trotzdem hätte das Geld meiner Mutter nicht gereicht, Mutter musste sich von Helmut Geld ausborgen. Helmut hatte immer etwas auf dem Sparbuch, da er nichts ausgab und sich für Hilfeleistungen an Mutter immer etwas bezahlen ließ (z. B. für Milch holen, sonstige Besorgungen etc.) Immerhin hat Mutter etwas später Helmut ein Piano finanziert.

Mit der neuen Geige habe ich gerne gespielt, obwohl es auch vorgekommen ist, dass ich ein Kapitel eines Karl-May-Bandes noch schnell fertig lesen wollte, sodass ich dann auswendig gespielt habe und gleichzeitig das Kapitel zu Ende las. Mutter hat das einmal bemerkt und war sehr wütend darüber. Sie hat mir das noch öfters vorgeworfen, auch wenn es gerade nicht vorgekommen ist.

Jedenfalls war ich gerade beim Üben, da gab es ein fürchterliches Geschrei von Helmut, der gerade Klavier übte. Mutter hatte wieder einmal Helmuts Tascheninhalte kontrolliert und festgestellt, dass sein Taschentuch entsetzlich schmutzig war. Da hat sie ihm einen richtigen Zirkus gemacht und ihm auch eine Ohrfeige gegeben. Natürlich hat er dann geschrien. Ich bin ins Zimmer zu Helmut und habe zu Mutter gesagt, sie solle mit dem Zirkus wegen des Taschentuchs aufhören. Da hat sie mir auch eine Ohrfeige gegeben. Darüber war ich sehr wütend und habe die Wohnung mit Helmut verlassen. Wir sind draußen auf dem Gang gestanden, sahen zur Wohnung hinüber und warteten darauf, dass sich Mutter beruhigen würde. Das war offensichtlich nicht der Fall, denn sie schrie: „Wenn ihr nicht gleich zurückkommt, haue ich die Geige zusammen." Wir sahen, wie sie die Geige in die Hand nahm und so tat, als ob sie diese zerschlagen wolle. Natürlich habe ich nicht im Geringsten daran gedacht, dass sie ihre Drohung wahrmachen könnte, schon allein wegen des Preises der Geige. Mutter beugte sich mit der Geige wie zu einem Aufschlag zum Boden. Später erklärte sie, sie hätte die Geige nur zwischen ihren Beinen „durchschwingen" wollen. Als sich Mutter dann bückte und uns tatsächlich zwei Teile der zerschlagenen Geige zeigte, sagte sie: „Jetzt ist sie hin." Ich war fassungslos und wütend und ging fort. Ich kam erst am Abend wieder nach Hause, da war Vater von Helmut schon über alles informiert. Es wurde nicht mehr über das Ereignis gesprochen, Vater sagte über Mutter „sie ist verrückt", das war alles.

In der Folge bekam ich eine andere alte Geige, aber von minderer Qualität. Der Geigenbauer schüttelte den Kopf und meinte, wenn der Geigenboden einmal durchgerissen sei, wäre der Klang dahin, auch wenn man die Reste zerlege und neu zusammenbaue. Ich habe die Geige mit Uhu „Alleskleber" zusammengeklebt. Man kann darauf spielen, aber die wunderbaren Klänge, vor allem auf den Saiten D und G (den „tiefen Tönen") hatte sie natürlich nicht mehr. Ich habe das Geigenspiel seit damals nicht mehr so intensiv betrieben. Es kam der Sommer, dann der Schulwechsel. Fußball wurde im Internat wichtiger für die Stellung in der Klasse als Musik, und so langsam veränderte sich auch meine Einstellung zum Musizieren.

Während des Studiums war ich dann noch Mitglied eines privaten Kammermusik-Ensembles, doch um dort weiterzumachen, hätte ich mehr Unterricht benötigt. Immerhin hat es für die Hochzeitsmusik eines guten Freundes (Walter) in der Schlosskirche Pötzleinsdorf gereicht. Später hatte ich die Gelegenheit, in Bielefeld die Begleitmusik zur Vergabe des Ehrendoktorats an den berühmten Norbert Elias, eine der bedeutendsten sozialhistorischen Forscher zur Entstehung der europäischen Zivilisation, zu spielen. Mein Spiel war leider nicht so gut, wie ich es gerne gehabt hätte. Eine gute Erinnerung habe ich noch an eine Abendveranstaltung im Café Lange (im achten Bezirk) mit Mario, einem befreundeten Gitarristen. Wir spielten irische Volksmusik. Und das war's dann – die Geigenkarriere war zu Ende.

Teil D

Wien, Lange Gasse, 1952–1955

Das Zuspätkommen meiner Mutter

Mutter wollte jede Minute optimal nützen, deshalb konnte sie sich von ihren Tätigkeiten nicht losreißen, um einfach irgendwelche Termine einzuhalten. Egal, wo wir hinfuhren oder fahren wollten, wir waren immer zu spät und mussten daher viel laufen: zur Elternbesprechung in der Schule, zur Eisenbahn am Westbahnhof, wenn wir in den Urlaub fuhren, zum Kino- oder Theaterbesuch. Selbst wenn Vater gute Opernkarten hatte und rechtzeitig weggehen wollte, damit kein Stress entstand, wollte Mutter noch schnell zum Friseur gehen, der zwar im selben Haus war, aber an ein pünktliches Eintreffen in der Oper war nicht mehr zu denken. Was meinen Vater besonders ärgerte war, dass Mutter immer, obwohl das Konzert oder die Oper schon begonnen hatte, sich zu ihrem Sitzplatz drängte. Die anderen Gäste in der Reihe wurden gestört und mussten aufstehen – das hat sich regelmäßig wiederholt. Oft ließ der Billeteur Mutter gar nicht mehr herein oder er wartete auf einen Vorhang oder den Beginn eines neuen Konzertstückes, um sie einzulassen. In jedem Fall war es für Vater peinlich. Mein Vater stellte meine Mutter vor ein Ultimatum: noch einmal zu spät und alle Abonnements werden storniert. Plötzlich gab es keine gemeinsamen Besuche zu Abendveranstaltungen mehr. Mutter ging zwar fallweise zu Generalproben und Vormittagsvorstellungen, aber allein.

Einmal fuhren wir mit der Bahn nach Selker, einer Station, von der man zu Fuß nach Gutau gehen konnte, wo wir zu einem Begräbnis eingeladen waren. Natürlich liefen wir auf dem Bahndamm in Richtung Station, es war schon spät. Wir hörten noch die Lokomotive pfeifen, damit wir den Bahndamm verlassen sollten, auf dem wir liefen, was meine Mutter auch widerwillig tat, weil sie wusste, dass wir den Zug nun nicht mehr rechtzeitig erreichen konnten. Wir mussten auf den nächsten Zug warten und kamen natürlich viel zu spät zum Begräbnis. Der ganze Begräbniszug begegnete uns, als wir vom Bahnhof zur Kirche gingen. Die Totenmesse war schon vorbei. Mutter war dies unangenehm, weil viele Verwandte und Bekannte unter den Trauergästen waren. Ich kann mich noch an das außergewöhnlich gute Essen („Totenschmaus") erinnern, das wir im Anschluss bekamen: Rindfleisch mit Semmelkren, Apfelkren und Rösti. Ich hatte das vorher noch nie gegessen und fühlte mich wegen des Zuspätkommens ein wenig schuldig.

Zur Abfahrt eines Zuges nicht rechtzeitig bzw. knapp vor der Abfahrt zu kommen, hieß für uns oft, in den letzten Wagon einsteigen zu müssen. Dann musste man sich mit dem ganzen Gepäck in oft überfüllten Zügen, Wagon für Wagon, vorarbeiten, um irgendeinmal den reservierten Sitzplatz zu erreichen. Mein Vater ist vielleicht deshalb nie zusammen mit uns in den Urlaub gefahren. Er kam immer erst einige Tage später.

Das Versäumen von Zügen ist aus meinen gegenwärtigen Träumen noch immer nicht ganz verschwunden. Dazu ein Traum, der nicht mehr als zwei Jahre zurückliegt: Um den Zug, den wir erwarteten, auf jeden Fall zu erreichen, hielten wir uns vor dem Bahnhof in einem Café vor einer Unterführung auf. Von dort konnte man schon von weitem die Annäherung des Zuges beobachten. Als wir den Zug in der Ferne sahen, liefen wir auf die Unterführung zu, um den Bahnsteig auf der anderen Seite rechtzeitig zu erreichen. Der Weg durch die Unterführung war viel länger, als wir gedacht hatten. Wir erreichten den Bahnsteig erst, als sich der Zug wieder in Bewegung setzte. Der Zug fuhr auf einen nahen See zu, auf dem ein Schiff wartete, um den Zug für den Transport über den See aufzunehmen. Da das

Einschiffen des Zuges sicher einige Zeit dauern würde, rechneten wir uns gute Chancen aus, das Schiff vor dem Ablegen zu erreichen. Wir liefen zum See und sahen gerade, wie das letzte Tau, das das Schiff mit dem Ufer verband, eingezogen wurde und das Schiff samt Zug ablegte.

Der altdeutsche Wandschrank

Das oberste Gebot bei manchen Einkäufen von Mutter scheint der Preis und nicht die Zweckmäßigkeit des erkauften Gutes gewesen zu sei. Auch die Wiederverkaufbarkeit eines Gutes wurde nicht bedacht. Als Universitätsstudent entwickelte ich folgende Testfrage für Mutter: Würdest du einen gebrauchten Panzer kaufen, wenn du ihn billig bekommst? Mutters Antwort darauf war ein klares Ja. Nicht, dass sie nicht wusste, was ein Panzer ist. Nach dem Krieg standen viele ausgebrannte Panzer herum, beim Eingang des heeresgeschichtlichen Museums, wo wir einige Male waren, standen ein russischer und ein deutscher Panzer.

In der Realität sah das so aus: Eines Tages lag ein großer gebrauchter Perserteppich im Wohnzimmer. Mir gefiel er nicht besonders, auch weil er ein Staubschlucker war und öfters gesaugt werden musste. Immerhin gehörte es zum elaborierten Wohnungsstil alteingesessener Wiener Familien, im Wohnzimmer einen echten Perserteppich zu haben. In Wien gibt es seit jeher – vielleicht schon seit der letzten Türkenbelagerung (1683) – armenische oder persische (iranische) Teppichhändlerfamilien. Nun, Mutter sollte ihren im Dorotheum ersteigerten „Perser" haben. Das Dorotheum ist eine traditionelle Wiener Institution, in der man Stilmöbel, Gemälde, Wandbehänge, Teppiche, Schmuck, Uhren und andere Wertgegenstände versteigern oder ersteigern konnte. Mutter liebte es, dem Dorotheum regelmäßig einen Besuch abzustatten.

Eine Woche nach dem Teppichkauf war ein zweiter „Perser" da, ebenfalls ersteigert. Da wir keinen Platz für den zweiten Teppich hatten, wurde dieser einfach auf den ersten gelegt. Natürlich brachte das mehr Arbeit beim Staubsaugen.

Die nächste Anschaffung war eine „Kochkiste". Darunter verstand man eine gut isolierte Holzkiste mit schwerem Deckel, in der man vorgekochtes Essen warmhalten konnte. Ich glaube, die Kochkiste wurde bei uns kein einziges Mal verwendet, weil unser Kochgeschirr nicht hineinpasste, irgendeinmal wanderte sie in den Keller, von wo sie letztlich entsorgt wurde.

Die Krönung aller Einkäufe war zweifellos der altdeutsche Wandschrank, mehr als zwei Meter lang und fast einen Meter breit. Er stand eines Tages zu Mittag im Wohnzimmer, das er dominierte. Mutter hatte den Transport vorsorglich am Vormittag durchführen lassen, wir Kinder waren in der Schule, Vater im Büro. Es gab daher nichts mehr zu diskutieren. Das Hauptproblem war, dass der Wandschrank Vaters Lieblingsplatz besetzte, eine Couch, auf der sich Vater gerne nach der Arbeit hinlegte. Im Winter konnte man dann die Füße an den warmen Kachelofen anlehnen, der unmittelbar hinter der Couch stand. Der Kachelofen war ein Garant für Gemütlichkeit im Wohnzimmer und diente bei uns als Zusatzheizung an besonders kalten Tagen.

Das Argument Mutters für den Wandschrank war, sie brauche mehr Platz für ihre Sachen, der Wandschrank habe viele Fächer und Laden. Tatsächlich war es dann so, dass in jeder Lade faktisch alles zu finden war: Socken neben Unterhosen, Kugelschreiber und Sonnenbrillen, Nähzeug, Scheren, Büstenhalter, ein Paket Kekse, Fotos und dergleichen. Wenn man nicht fand, was man suchte, musste es neu angeschafft werden. Das Gesuchte konnte sich in jeder Lade befinden –irgendeinmal fand man es. Im ersten Augenblick habe ich meinem Vater geraten, eine Hacke zu nehmen und den ganzen Kasten zu Brennholz zu verarbeiten. Das hat er um des Hausfriedens willen nicht gemacht. Viel später habe ich gesehen, dass er in hohem Alter, fast achtzig Jahre alt, von einem Schlaganfall gezeichnet, meist auf einer Bank saß, die längst nicht den Komfort seiner geliebten Couch aufwies.

Mutters Torten

Von Mutter gemachte Torten gab es bei besonderen Anlässen und Festen, wie zu Geburtstagen, zu Ostern, zu Weihnachten. Auf dem Programm standen Schokolade-Nuss-Torte, Malakoff-Torte, Linzer Torte, manchmal auch eine Oblaten-Torte mit Zitronencreme-Füllung. Alle Torten waren sehr gut, und als Mutter sie nicht mehr machen konnte, wussten wir, dass sie alt geworden war.

Wenn Mutter Schokolade-Nuss-Torte produzierte, mussten wir Kinder beim Auslösen der Nüsse helfen. Die Nüsse wuchsen auf den Nussbäumen am Hof der Großeltern, später in Wien mussten wir die Nüsse kaufen. Die Nüsse waren schwer aus den Nussschalen herauszulösen, da es sich meist um „Steinnüsse" und nicht um die heute häufiger gezüchteten Papiernüsse – die viel dünnere Schalen haben – handelte. Mit einer Nussknackerzange zerbrach man die Nuss, mit kleinen Messern oder Stricknadeln holte man den Kern aus den zerbrochenen Nussschalen heraus. Das war viel Arbeit für uns Kinder, wir freuten uns aber auf die Torte und machten diese Arbeit gerne.

So gab es auch an meinem dreizehnten Geburtstag eine Torte, weil aber viel Besuch kam, war diese schnell aufgegessen. Mutter sagte: „Ich habe doch zwei Torten gemacht, weiß aber nicht mehr, wo ich sie hingegeben habe." Im Eisschrank war die Torte nicht, der war voll mit schon gekochten Speisen, Fleisch, Gemüse und Milch. Mutter suchte auch später noch ein paar Tage, gab die Suche schließlich aber auf.

November kam, es wurde kalt. Vater bereitete das Einheizen des Kachelofens vor. Dieser große, eine ganze Ecke im Wohnzimmer ausfüllende barocke Kachelofen wurde mit etwa fünf großen Scheitern Holz angefüllt. Das Holz war neben dem Ofen gestapelt, sodass man nur einmal wöchentlich in den Keller gehen musste, um den Holzstapel wieder aufzufüllen.

Das war allerdings anstrengend, da vom Keller bis in die Wohnung zwei Geschosse zu überwinden waren, und man musste mit dem Tragekorb, der je nach Beladung zwischen 15 und 20 kg wog, einige Male gehen. Das Brennholz – wir verwendeten ausschließlich Buchenholz (Hartholz) – wurde einmal im Jahr geliefert, d. h. vor dem Haus ausgeschüttet und über ein kleines Fester und eine Rutsche in den Keller transportiert, wo es gestapelt wurde. Der Keller war trocken, da es unter dem Keller noch zwei Geschosse gab, die wir allerdings zumauern ließen. Von dort gab es vermutlich Gänge in die innere Stadt. Immerhin war unser Haus (ehemaliger Name "Zum weißen Schwan") damals schon über 250 Jahre alt, wurde also nach der zweiten Türkenbelagerung (1683) bzw. zum Ende der Türkenkriege (1699) gebaut. Erst als Vater in Pension ging, wurde eine Etagenheizung installiert.

Als also mein Vater den Ofen ausräumen wollte, um zu heizen, entdeckte er darin die unversehrte, unberührte Schokoladentorte von Mutter. Sie hatte die Torte, da im Kühlschrank kein Platz mehr war, in den Ofen geschoben. „Durch den Luftzug ist es im Ofen kühler", rechtfertigte sie sich. Sie wollte die Torte auch sofort kosten. Wir wiesen sie darauf hin, dass die Torte nach so langer Zeit (vier Monate) schon verschimmelt sein musste. Sie ließ sich davon aber nicht abbringen und aß eine Tortenschnitte. „Gut", sagte sie. Wir sahen zu, blieben aber skeptisch. Zu Recht: Mutter bekam nach kurzer Zeit schweren Brechdurchfall und erholte sich erst nach einigen Tagen. Das Verstecken von Essen, zwecks „geeigneter" Lagerung, hat sie aber nicht aufgegeben. Ein beliebter Platz war auch das Bett von Helmut, als er zu dieser Zeit im Internat in Bad Ischl war und daher das Bett frei blieb. Dort hat sie einmal ein fertiges Gulasch unter die Tuchent hineingegeben, „damit es warm bleibt", sagte sie später. Vorerst hatte sie es aber ebenfalls vergessen. Erst als ein Onkel auf Besuch bei uns übernachtete, kam das Gulasch wieder ans Tageslicht.

Endlich ein Badezimmer und was Mutter damit machte

In der Untermiete und in der folgenden Substandardwohnung gab es kein richtiges Badezimmer, in der dritten bürgerlichen Wohnung gab es eine Duschecke in der Küche. Eines Tages erklärte uns die Nachbarin, die allein lebte, sie könne uns gegen eine kleine Ablöse ein Kabinett abtreten, das direkt an unser Vorzimmer angrenzte. Damit konnte ein Badezimmer eingerichtet werden. Unsere Gasleitung wurde bis zur Gastherme verlängert, und Mutter entschied sich für eine große Badewanne, obwohl Vater eine Sitzbadewanne bevorzugt hätte. Der ehemalige Durchgang in die Wohnung der Nachbarin wurde mit einer einfachen Ziegelmauer und mit Regalbrettern verschlossen, der Boden wurde verfliest. Es war genug Platz im Badezimmer für Handtücher, Zahnputzzeug und Medikamente, aber nicht lange.

Mutter kaufte billig einen Restbestand von etwa zwanzig Kilo Hirschseife ein und verteilte diese auf den Regalbrettern, sodass kaum mehr Platz für etwas anderes blieb. Man verwendete damals kaum noch Hirschseife, da es bereits viele effiziente Waschmittel gab. Kurze Zeit später war die Badewanne unbenutzbar, da in ihr, in einer grauschwarzen Lauge, alte Teppiche eingeweicht waren. Als die Teppiche wieder zum Trocknen aufgehängt waren und die Badewanne gesäubert wurde, stellte sich heraus, dass sich das Weiß der Badewanne in ein schmutziges Grau verwandelt hatte. Die Lauge hatte das Email angegriffen. Ab damals hatte keiner mehr so richtig Lust, in die Badewanne zu steigen.

Der letzte gemeinsame lange Sommer mit Bruder Helmut (1954)

Mutter hat uns erklärt, wie toll die Schule und die Internate wären, die sie für die nächsten vier Jahre für uns vorgesehen hatte. Helmut sollte die ersten Klassen der Mittelschule in Bad Ischl verbringen. Der „Bund Neuland“, dem die Neulandschule unterstand, hatte in Ischl ein altes Hotel gekauft, wo Schule und Internat Platz hatten. Ich sollte die Oberstufe der Neulandschule am Laaerberg verbringen, wo die Buben untergebracht waren. Die Mädchenschule befand sich in Grinzing (Koedukation war damals noch ein Fremdwort und wurde erst zu meiner Universitätszeit in den Mittelschulen eingeführt). Ich hatte keine Vorstellung von der Tragweite des Beschlusses meiner Eltern, es war mir aber klar, dass sich die räumliche Trennung von meinem Bruder irgendwie auswirken würde. Die Hauptakteurin für diese Schulentscheidungen war sicher meine Mutter, die ihre Berufstätigkeit als Krankenschwester wiederaufnehmen wollte; sie hatte sich entschlossen, private Pflegetätigkeit zu übernehmen, was sie auch mit Erfolg bewerkstelligte. Sie war eine gesuchte Kraft, vermutlich weil sie sich aufgrund ihrer Qualifikation mit ihren Patienten – unter denen auch ehemals erfolgreiche Ärzte und sogar Nobelpreisträger waren – auseinandergesetzt hat für die sie auch eine interessante Gesprächspartnerin war. Ein einziges Mal habe ich mit meinem Bruder über die bevorstehenden Veränderungen gesprochen („die Eltern wollen uns trennen“, hat er gesagt). Er war genauso ahnungslos wie ich. Hätten wir gewusst, was uns bevorsteht, wir hätten uns vermutlich gewehrt.

Den letzten Sommer haben wir in Tirol bei Bauern in Ellbögen am Patscherkofel und bei unseren Verwandten in Innsbruck verbracht. Wir waren viel unterwegs. Viele Berge haben wir bestiegen, die steilen Bergwiesen sind wir auf unseren Lederhosen hinuntergerutscht. Die Lederhose (wir trugen kurze Lederhosen) ist ein typisch österreichisches Kleidungsstück, das faktisch alle Kinder bis zum Alter von vierzehn Jahren getragen haben. Die Hirschlederhose erwies sich auch für uns wilde Buben als unzerstörbar.

Wir haben auch Glück gehabt, dass wir nicht abgestürzt sind, denn die Technik des alpinen Kletterns und Sicherns haben wir erst später gelernt. So kamen wir z. B. nach der Besteigung des Brandjochs bei der „Frau Hitt" vorbei. Die Frau Hitt ist eine steile Felsnadel – der Sage nach eine in Stein verwandelte hartherzige Gräfin –, die für Kletterer attraktiv ist. Auf der Frau Hitt tummelte sich gerade die Bergrettung, die meisten waren schon oben, also nichts wie hinauf. Das war schon ziemlich leichtsinnig. Mein Bruder, er war zehn Jahre alt, hatte schon Schwierigkeiten beim Nachklettern. Heute weiß ich: Es war Schwierigkeitsgrad zwei bis drei, vielleicht mehr drei. Wie hinunterkommen? Die Bergretter wiesen uns zu einem Riss in der Ostseite, der bedeutend leichter sein sollte. Dort kletterten wir ab. Für Helmut war es trotzdem noch schwer. Ich konnte aber ein wenig helfen. Dann mussten wir noch über die damals nicht gesicherten Kaminspitzen auf den langen Sattel. Mit einem Stück Normalschnur, die ich bei mir hatte, habe ich Helmut über eine Schlüsselstelle „gesichert". Alles Pfusch, sagte ich mir und war froh, als wir die Felsen der Nordkette hinter uns gelassen haben. Ich schwor mir damals, sofort Kletterkurse zu besuchen. Klettereien haben wir später beide vor allem auf der Hohen Wand gemacht. Auch den Großglockner, den höchsten Berg Österreichs, haben Helmut und ich in den nächsten Jahren gemeinsam bestiegen, nun schon mit dem nötigen Knowhow.

In den folgenden Internatsjahren ist der Kontakt mit Helmut faktisch verloren gegangen – bis auf eine jährliche Bergtour, meist im Spätherbst. Es soll eine solche Spätherbst-Tour besonders hervorgehoben werden, die mit unserer Kindheit nichts mehr zu tun hatte. Ich war bereits über vierzig Jahre alt, wir beschlossen am 1. November, also relativ spät, weil die Tage schon kurz waren, die etwa tausend Meter hohe Gesäuse-Nordwand über eine Route im Ödsteinkar, die den vierten Schwierigkeitsgrad nicht überschreitet, zu erklettern. Um vier Uhr früh fuhren wir in Wien los, um ca. halb sieben waren wir in Gstatterboden, zwischen neun und zehn Uhr beim Einstieg, den wir nicht gleich fanden, weil wir die Route nur im oberen Teil von früher kannten. Jedenfalls erreichten wir gerade bei

Anbruch der Dunkelheit den Gipfelgrat. Den einfachsten Abstieg fanden wir daher nicht und beschlossen über leichteres Gelände mit Stirnlampen kletternd das Hochtor zu erreichen, weil wir wussten, dass von dort ein gesicherter Klettersteig hinunterführte. Um Mitternacht erreichten wir bei leichtem Schneefall den Gipfel des Hochtors. Um vier Uhr früh waren wir im Winterraum der Hess-Hütte, wo uns andere Herbstbergsteiger Platz zum Schlafen einräumten. In diesen Jahren waren wir beide noch topfit.

Teil E

Episoden aus der Jugendzeit, 1955–1958

Nächtliche Aktivitäten

Wir befinden uns nun im Internat der Neulandschule. Mutter hatte die Idee, mich und Helmut ins Internat zu geben, sie wollte wieder als Krankenschwester berufstätig sein. Ich war vierzehn Jahre alt, mein Bruder zehn Jahre. Mein Internat war in Wien am Laaerberg, das meines Bruders in Bad Ischl. Er war dadurch stark benachteiligt, weil er an den Wochenende nicht wie ich nach Hause konnte. Die Trennung hat uns beiden nicht gutgetan, umso mehr, als wir uns vorher sehr gut vertragen haben. Nach der Trennung hat die geschwisterliche Bindung deutlich nachgelassen.

Da die Tagesaktivitäten im Internat (Unterricht, Essen, Schulaufgaben, Körperpflege) bis auf das Fußballspiel in der Mittagspause wenig Raum für persönliche Gestaltung ließen, war es naheliegend, die Nachtzeit dafür zu nutzen. Nach der „Nachtruhe" begann die Zeit für die Radiohörer. Natürlich war der Besitz eines Radioempfängers verboten. Die im Besitz von Schülern befindlichen Transistorradios schwankten in der Größe zwischen einer Zündholzschachtel und einem Seifenbehälter. Sie wurden kunstgerecht in die Matratze eingebaut, die winzigen Kopfhörer verschwanden bei Zimmerkontrolle mit einem Handgriff in einer Matratzen-Falte und nur ganz selten wurde etwas entdeckt. Ein technisch sehr begabter Schüler hatte sich sogar einen richtigen 220-Volt-Stromanschluss an sein Bett gebastelt. Wahrscheinlich hat der Mitschüler dafür ein Wochenende geopfert, denn nur dann ließen sich so aufwendige Arbeiten ohne Kontrolle durchführen. Die isolierten Kabel schauten nur 3 mm aus der Wand, und dort hinter einem Brett des Bettes. Die Klemmen für den Strom ließen sich ganz leicht abziehen und verstecken. Rückblickend stelle ich fest, dass in den staatlichen Gefängnissen Radiohören erlaubt war.

Nach der Bettenkontrolle begann manchmal unter uns Vierzehn- bis Fünfzehnjährigen der „Eierkampf". Ein oder zwei Burschen aus unserem Schlafzimmer (insgesamt sechs Betten) begannen damit. Es ging darum, die Hände des Angreifers so weit von den eigenen Hoden entfernt zu halten, dass sie der Gegner nicht zusammendrücken und einen dabei zur Aufgabe bringen konnte. Dies hatte an sich keine weiteren Konsequenzen. Nur bei den „Statusniedrigen" in der Gruppenhierarchie scheint sich in diesem Zusammenhang auch die Absicht sexueller Unterdrückung und Diskriminierung gezeigt zu haben. Ich konnte mich diesen Attacken entziehen, indem ich einige brauchbare Judogriffe mit meinem Bruder einübte. Einmal gelang es mir, damit einen der stärksten Ringer in der Klasse zur Aufgabe zu bringen. Ich sagte schlicht: Entweder du lässt mich in Ruhe, oder ich breche dir den Arm." Er musste aufgeben. Ich war so klug, diese Auseinandersetzung ohne Zeugen beendet zu haben. Dies hätte zu einem Prestigeverlust meines Gegners geführt, was er sicher nicht akzeptiert hätte. So ließ er mich ab da in Ruhe. Diese Phase dauerte nicht lange. Doch einer meiner Mitschüler ist in offene Homosexualität abgedriftet. Er hatte in der Schulklasse dann leider auch die Stellung des Sündenbocks und war manchen Quälereien ausgesetzt.

Einer meiner Freunde stellte eines Tages fest, dass sich Schüler M. in der Nacht, zwischen 9 und 12 Uhr, in die Küche begab, um sich dort in aller Ruhe Margarinebrote mit Marmelade zu streichen. Auf die Frage, ob er denn keine Angst hätte, dabei entdeckt zu werden, gab er an, genaue Aufzeichnungen über die Gewohnheiten der Erzieher, der Heimleiterin und des Küchenpersonals zu haben. Seine Recherchen ermöglichten die

Auswahl absolut sicherer Termine für seine Ausflüge. Als dann ein Großteil der Schüler mit M. in die Küche pilgerte, war es aber bald mit dem guten Leben vorbei, denn das Schwinden der Vorräte führte zu strikteren Sicherheitsmaßnahmen der Heimleitung.

Ende Juni zeigten auch die Kirschbäume im Garten um die Schule verlockende Früchte. Die Technik war einfach: schnell auf den Baum, nur nicht zu lange, irgendein Beobachter würde Alarm ausrufen. Man musste also auch rasch essen. Von damals stammt meine Gewohnheit, mindestens drei Kirschen auf einmal in den Mund zu stecken, die Kerne rasch auszuspucken und die in der Zwischenzeit wieder gepflückte „Ladung" in den Mund zu schieben. Eine Freundin sagte mir später mit leichtem Vorwurf, ichwürde dreimal so viele Kirschen wie sie in derselben Zeit essen. Dieses sinnvolle Verhalten kann man allerdings auch bei den Vögeln beobachten: Selbst bei ausreichender Nahrung bleiben sie nur begrenzte Zeit bei der Nahrungsquelle sitzen, weil die Gefahr, zum Opfer zu werden, mit der Zeit der Nahrungsaufnahme zunimmt. Schnell essen löst das Problem zum Teil.

Nächtliche Spaziergänge waren beliebt und üblich. Wurde man in der Nacht von irgendjemandem gesehen, sollte man nicht erkannt werden. Wir hatten dieses Problem diskutiert und verschiedene Lösungen entwickelt. Die Körpergrößen variierten beträchtlich, trotzdem ist es schwierig, jemanden in der Dunkelheit zu identifizieren. Wir entschlossen uns daher, das damals überall erhältliche „Modell" des dunkelblauen Trainingsanzuges anzuschaffen (komplett mit dunkelblauer Skihaube, die man weit ins Gesicht ziehen kann). Dieser Trainingsanzug hat einen kurzen Reißverschluss im Oberteil, wird also wie ein Pullover getragen. Die Hose ist eine Pluderhose, also nicht enganliegend und körperbetont, wie die heutigen. Die Strategie beruht darauf, schneller als der Verfolger zu laufen. Wichtig ist es auch, alle Ein- und Ausgänge (offizielle und nichtoffizielle) des Hauses gut zu kennen. Dazu gehört auch das rechtzeitige,

d. h. vorherige Öffnen von „Schluf-Fenstern". Man verlässt das Haus und das Grundstück an der Ostseite und kommt an der Westseite wieder herein. Lange Gänge und zwei Stiegenhäuser ermöglichen diese Strategie. Im Zimmer angekommen entledigt man sich des Trainingsanzugs – das Nachtgewand hatte man schon an – und schlüpft ins Bett. Die Zimmerkontrolle kommt meist zu spät.

Einen zu dieser Strategie passenden Gegenstand habe ich vor einiger Zeit in einer Lade gefunden, die Dinge enthält, die man nicht mehr nutzt, aber die man auch nicht wegwerfen will. Es war ein einfacher zweipoliger Stecker (ohne Erdung), den man heute nicht mehr verwendet. Der Stecker war zusätzlich mit einem starken Isolierband umwickelt. Was soll das, fragte ich mich, doch dann erkannte ich ihn wieder: Es war der „Kurzschlussstecker". Innen waren Plus- und Minuspol mit einem starken Draht verbunden. Die Isolation sollte verhindern, dass eventuell Funken herausspringen, wie dies bei Kurzschlüssen oft der Fall ist. Bei Verfolgung also: wissen wo die Steckdosen sind, den Stecker hinein, und das Licht im ganzen Trakt ist weg, der Fluchtweg ist offen.

Vermutlich aus Kostengründen hatte man geistig benachteiligte Mädchen als Küchengehilfinnen angestellt. Die meisten Schüler unserer Klasse hatten noch keinerlei Erfahrungen mit Frauen, die Küchenmädchen waren nicht so attraktiv für uns, denn wir schwärmten von Schönheiten wie Brigitte Bardot, Marilyn Monroe und den Freundinnen von Peter Kraus. Anders war es jedoch mit Mitschülern, die aus anderen Schulen kamen, schon einmal oder öfters die Schulklasse wiederholen mussten und bedeutend älter und erfahrener als wir waren. Einem dieser Schüler gelang es, das Vertrauen eines der Mädchen zu erlangen. Ein nächtlicher Besuch in ihrem Zimmer war daher möglich. Die Sache blieb aber nicht unentdeckt und der Schüler musste die Schule verlassen. Ein anderer Schüler hatte sich mit dem Chefmechaniker und Elektriker des Hauses befreundet und wurde zu unterhaltsamen Stunden im Wrack eines Autobusses in einer Ecke des Grundstücks eingeladen. Da dabei angeblich ein Mädchen schwanger wurde, führte dies zur Entlassung des Mechanikers und des Schülers. In einer der uns folgenden Schulklassen scheinen die Qualität der Erzieher und die Vermittlung von Kultur völlig verloren gegangen zu sein; es wurde berichtet, dass es in einem Turnsaal zum Sex einer ganzen Klasse mit einem Küchenmädchen gekommen ist, daraufhin sei diese Schulklasse aufgelöst worden. In diesem Jahr hatte es keinen Maturajahrgang gegeben.

Protestaktionen zu meiner Zeit gab es, aber sie waren vergleichsweise harmlos. Damals machte gerade ein Einbrecher Furore, der in der Presse „Klettermax" genannt wurde. Er konnte Einbrüche ausführen, die man für völlig unmöglich hielt, weil er sich sehr dünn machen und gut klettern konnte. Überall hinaufklettern, wo es nur möglich war, war für mich interessant, weil ich mich sehr für Bergsteigen interessierte. Einige in der Klasse – ich erinnerte mich noch an den Namen Z. erkletterten den zweiten Stock des Internats von außen, an einer nicht fertig gestellten Mauer, die für einen Anbau im Rohzustand gelassen worden war. Diese Route habe ich aber nie genommen, weil ein Absturz den sicheren Tod bedeutet hätte. Für mich war es attraktiv, über den Glockenturm des Hauses auf das große Dach bzw. den Dachfirst zu gelangen. Von dort konnte man, wenn man den ganzen Dachfirst querte, bis zum beleuchteten Kreuz des Kirchturms gelangen. In einer Vollmondnacht war ich unterwegs, dabei dürfte mich jemand von der Straße oder vom Eingangstor des Internats gesehen und die Polizei verständigt haben. Ich war schon auf dem Rückweg, als eine Funkstreife auftauchte und die Beamten begannen, das Dach mit starken Taschenlampen zu beleuchten. Um nicht gesehen zu werden, setzte ich mich zwischen den Dachfirst und einen großen Kamin. Dort war nicht einsehbarer Schatten. Als die Beamten das Hausdach von der anderen Seite beleuchteten, ging ich stark gebückt auf dem steilen Dach weiter, mit einer Hand habe ich mich am Dachfirst festgehalten. So erreichte ich das Fenster im Glockenturm und lief in den zweiten Stock zu meinem Zimmer hinab. Ich konnte vor der „Bettenkontrolle“ gerade noch ins Bett springen und die Bettdecke über mich ziehen. So blieb ich unentdeckt.

Die nächsten Tage waren wegen der zahlreichen und nicht endenden Verhöre, die sowohl von den Erziehern als auch von der Heimleitung durchgeführt wurden, unangenehm. Aus meiner Klasse hat mich niemand verraten, irgendwer scheint aber doch einem Schüler einer anderen Klasse einen Hinweis gegeben zu haben, denn schließlich lud die Heimleitung mich zu einem Gespräch ein und sagte mir auf den Kopf zu, dass ich es gewesen sei. Leugnen hatte also keinen Sinn mehr. Ich erinnerte mich an die Mondsüchtigen, die angeblich in schlaftrunkenem Zustand über Dächer gehen, und beschloss, diese Rolle zu spielen. Ich faselte etwas wie „oft, wenn der Mond so stark scheint, fühle ich mich gezwungen irgendwo hinaufzuklettern oder zu gehen, ich kann mich dann gar nicht so genau an alles erinnern“. Offenbar war dies die richtige Strategie. Sie hörten auf, mich zu befragen, und sagten nur, sie würden meine Eltern von dem Vorfall informieren. Das war alles.

Später hörte ich, dass ein Schüler, ein gewisser Hiena, nicht „dichtgehalten“ hat. Aber er gehörte ja auch nicht zu meiner Klasse und ich war auch nicht böse auf ihn. Ich habe aber gelernt, dass alle Arten dieser Aktionen absolut allein gemacht werden müssen. Man darf keine einzige andere Person ins Vertrauen ziehen. Der Schüler stammte aus einer Bäckerfamilie, von der die Schule das Brot bezog. Das Brot war gut, solang es frisch war. Meist wurde es uns allerdings erst später vorgesetzt – damit nicht so viel gegessen wird – und dann schmeckte es nicht mehr. Deshalb seien zum Abschluss dieser Episode Sprüche erwähnt, die sich auf das Brot bezogen: „Iss Hiena-Brot, bist schneller tot“ oder „Will dir der Selbstmord nicht gelingen, nimm Hiena-Brot statt Schuss und Schlingen“.

Das Finale meiner Religiosität

Ich bin in der siebenten Klasse, morgen ist Schularbeit in Mathematik. Die Note ist wichtig, weil man mit einem negativen Abschlusszeugnis nicht in die achte Klasse kommt und damit auch nicht zur Reifeprüfung (Matura) zugelassen wird. Viele meiner Mitschüler waren nicht gut in Mathematik, weil der Lehrer oft krank war und die Ersatzstunden auch nicht gut funktionierten. Außerdem waren wir mehr am Fußball interessiert, zur damaligen Zeit war unsere Klasse eine der besten Mittelschulmannschaften in Wien. Wir durften anlässlich eines Festes sogar im Wiener Stadion spielen. Zum gegebenen Zeitpunkt war aber die Mathematik Schularbeit wichtiger. Wir waren daher alle sehr erbost, als uns der Erzieher M aufforderte, eine Messprobe durchzuführen. Für die anstehende Schulmesse müsse die bekannte „Klosterneuburger-Messe" beherrscht werden. Eine Stelle daraus kann ich heute noch singen: „... und der Soldat stach eine Lanze in seine Seite, und sogleich floss Blut und Wasser heraus". Natürlich haben wir falsch gesungen, worauf der Erzieher die Messprobe in die Kirche verlegte. Die Kirche war mit dem Schulgebäude baulich verbunden, wir gingen zornig durch einen Gang in die Kirche hinüber, dort erklärte uns der Erzieher, dass „absichtlich falsch Singen" in der Kirche Blasphemie (Gotteslästerung) bedeutet. Dazu wollte ich ein Zeichen setzen.

Im hinteren Teil der Kirche befanden sich zwei Beichtstühle, die zu dieser Zeit leer waren. Ich setzte mich bemerkt von meinen Schulkollegen, aber unbemerkt vom Erzieher in einen der Beichtstühle. Die Stola hing beim Eingang in den Beichtstuhl, sie ist eine Art geweihter Schal, den sich der Priester, während er die Beichte abnimmt, um den Arm schlingt, als Symbol seiner Fähigkeit, jemandem die Beichte abzunehmen, die Bußgebete zu verordnen und ihn von den Sünden freizusprechen. Ich nahm die Stola, legte sie um meinen Arm und bedeutete mit Handzeichen meinen Schulkollegen, den Beichtstuhl aufzusuchen. Von außen kann man nicht sehen, wer im Beichtstuhl sitzt, ein Gitter und ein kleiner Vorhang verhindern die Einsicht. Mein Freund Jimmy kam in den Beichtstuhl. Ich forderte ihn auf zu beichten: „Du elendiges Schwein hast sicher Unkeusches gedacht, gesprochen und getan, hast du gewichst, gestehe deine Sünden.“ Jimmy bejahte dies. Ich sagte: „Und bereust du deine Sünden?“ Nach einem weiteren Ja bekam er als Buße fünf “Gegrüßest seist du Maria und zehn Vaterunser“ Dann kam „Deine Sünden sind dir erlassen, dominus vobiscum und geh hin in Frieden“. Das war die erste und auch letzte Beichte, die ich abgenommen habe. Ich wunderte mich noch lange, dass mich kein Schulkollege verraten hat. Wahrscheinlich haben die meisten Schüler realisiert, dass man mich aus der Schule geschmissen hätte, wenn das mit der Beichte herausgekommen wäre.

Das Ende aufgezwungener Autorität

Ein Erzieher im Internat besitzt vorerst eine Art natürlicher Autorität. Prinzipiell waren wir an allen Erwachsenen, mit denen wir interagierten, zunächst interessiert. Wir wollten wissen, welche Meinungen sie hatten und wie sie lebten. Hoben sich diese vom Durchschnitt deutlich ab, sei es dass jemand einen Leistungssport betrieb oder besondere Interessen hatte, blieb das Interesse an der Person bestehen. Man war dann auch bereit dieser Person zuzuhören. Konnte ein Erzieher diese Qualitäten nicht erbringen, war es für ihn schwer, etwas gegen den Willen der Schüler durchzusetzen. Mit der Androhung und Umsetzung von Strafen manövrierten sich die sogenannten Erzieher (fast keiner von ihnen besaß pädagogische Vorkenntnisse) in eine prekäre Situation.

Irgendeinmal wird jede Autorität lächerlich, wenn sie Ungerechtes oder Inakzeptables verlangt. Autoritäten haben aber auch die Macht, mit der Sanktionen durchgesetzt werden können. Im Fall der Erzieher im Internat waren die Wochenend-Ausgangssperren die am meisten gefürchtete Strafe, weil der

Großteil unserer Klasse gerne zu Hause bei Eltern und Freunden sein wollte. Manche in unserer Schulklasse hatten auch schon fixe Freundinnen, mit denen sie sich am Wochenende trafen. In diesem Fall war die Ausgangssperre eine Katastrophe. Mit der Zeit mutierten so manche Erzieher zum totalen Feindbild. Man war aber relativ vorsichtig mit gezeigtem Widerstand, da man sich nicht auf die Verschwiegenheit der Mitschüler verlassen konnte.

Die beste Strategie war daher individueller, anarchistischer Widerstand. Der Erzieher wurde bestraft, wo es nur möglich war. Man sah Schuhe des Erziehers in der Garderobe: schnell einen Schuh (nicht alle zwei Schuhe) in den Ofen der Heizung werfen, wenn keine Zeugen vorhanden waren. Man sah einen Wintermantel des Erziehers: schnell ein Schnitt mit dem Taschenmesser. Man sah die Füllfeder des Erziehers in einem unbeobachteten Moment auf dem Tisch liegen: Füller aufmachen, die Feder ruinieren, Füller zumachen. Man sah die Aktentasche des Erziehers auf einem Tisch liegen, keine Beobachter vorhanden: warum nicht den ganzen Inhalt schnell durch das offene Fenster in den Garten leeren? Es gab auch unappetitliche Attacken auf das Schlüsselloch des Erzieherzimmers, von denen ich bis heute nicht weiß, wer es getan hat. Natürlich gab es dann jede Menge von Verhören. Man muss ein guter „Steher" sein, um das durchzuhalten. Die Grundregel ist, auch dem besten Freund nichts zu erzählen. Der Erzieher wurde schon etwas nervös, wenn er mit dem Identifizieren und Isolieren der Täter keinen Erfolg hatte. Ich kann mich noch an ein solches nächtliches Verhör im kalten Zimmer des Erziehers erinnern. Das Verhör dauerte eine Stunde. Der Erzieher M zeigte auch bei kleinen Verstößen gegen Regeln wenig Toleranz. Einige Monate vergingen in dieser Atmosphäre. Die folgende Episode zeigt die angespannte Situation und trug dazu bei, dass der damals tätige Erzieher kündigte.

Es gab wieder einmal zum Mittagessen zuerst eine Suppe, deren Geschmack und Qualität an Abwaschwasser denken ließ.

Manche Schulkollegen benahmen sich absichtlich so ungeschickt, dass sich der Inhalt des Tellers über den Esstisch ergoss. Beim Anblick der Suppe beschloss ich es ebenfalls mit dem Ellbogen und dem Tellerrand zu versuchen. Leider hat dies der Erzieher gesehen. Da die Suppenschüssel bereits leer war, telefonierte der Erzieher mit der Küche um eine weitere Schüssel Suppe. Dann forderte er mich auf, die Suppe vom Speiseaufzug zu holen und kündigte an: „Diese Suppe wird gegessen." Ich holte die Suppe, torkelte den Gang bis zum Esstisch, wo der Erzieher wartete. Die ganze Klasse war ruhig und beobachtete, was da noch kommen könnte. Ich stolperte, die Schüssel zerbrach und die Suppe war auch auf dem Hemd des Erziehers zu sehen. Der Erzieher gab mir sofort eine Ohrfeige. Da wusste ich, dass ich das Spiel gewonnen hatte. Ich sagte ganz ruhig: „M, warum schlägst du mich? Ich bin gestolpert." Da bekam der Erzieher vor lauter Wut einen ganz roten Kopf und ballte die Fäuste. Er wusste sofort, dass er zu weit gegangen war, und zischte mich an: „Die Schüssel wirst du bezahlen." „Natürlich", sagte ich ganz ruhig, worauf er noch wütender wurde und zu zittern anfing. In diesem Moment hatte er den Rest seiner Autorität vor der Klasse verloren. Ich hingegen hatte mit dieser Aktion sehr viel Prestige in der Klasse gewonnen. M kündigte seine Tätigkeit einige Wochen später ohne Angabe von Gründen.

Neugierde und Unerfahrenheit

Neugierde und Unerfahrenheit sind vermutlich die Eigenschaften, die mein Sexuallebenzwischen 14 und 19 Jahren am besten charakterisieren. Natürlich ist jeder Heranwachsende bestrebt, die Veränderungen, die sich in seinem Körper und seiner Psyche abspielen zu verstehen und in sein Selbstbild einzuordnen. Trennt man die Geschlechter während der Pubertät weitgehend voneinander, wird es für alle schwierig, realistische Bilder des anderen aber auch des eigenen Geschlechts zu entwickeln. Die Neugierde wird nicht befriedigt, es bleibt Unerfahrenheit und damit große Unsicherheit. Ich habe meine Situation jedenfalls so erlebt. Besonders deutlich wird dies, wo annähernd Gleichaltrige aber mit unterschiedlicher Sozialisation, aufeinander treffen. Die folgenden Episoden sollen dies verdeutlichen.

Bis zum 14 Lebensjahr verbrauchte die Schule die meiste Zeit, war aber nicht koedukativ wir hatten faktisch keinen Kontakt mit annähernd gleichaltrigen Mädchen. Dann kam der Schüleraustausch mit England. Mein englischer Partner Brynley hatte zwar eine Schwester, die war aber älter und hatte einen eigenen Freundeskreis. Brynley hatte auch keine Freundin. Wir verbrachten die Zeit mit Kricket und Radfahren. Es fiel mir aber auf, dass viele auch sehr junge Mädchen bereits Make-up und Lippenstift verwendeten. Bei der Heimfahrt nach Wien war alles anders. Es befanden sich neben den Österreicherinnen auch die englischen Austauschschülerinnen im Zug. Ein Wiener Schüler in meinem Alter, mit dem ich die England-Erlebnisse besprach hat mich in sein Abteil eingeladen. Er sei mit drei Engländerinnen allein, die Mädchen liebten Küssen und Petting, ich würde das auch sicher genießen. Ich konnte nicht genug davon kriegen. Von Norddeutschland bis St.Pölten verließ ich das Abteil nicht mehr. Leider waren weitere Kontakte mit dieser Gruppe nicht vorgesehen, in Wien war es so wie immer. Ich fuhr mit Brynley auf Rädern im Wienerwald herum und bestieg den Schneeberg.

In der Oberstufe – ich war schon 16 oder 17 Jahre alt – war ich mit meiner Klasse auf Skikurs. Von morgens bis abends war unser Tag eingeteilt. Eines Tages fiel unser Skilehrer aus und wir konnten den Nachmittag frei verbringen. Zum Abendessen sollten wir allerdings wieder da sein. Ich war mit einem Kollegen unterwegs, wir sprachen zwei Mädchen an, die offenbar keine Begleiter hatten und luden sie auf einen Drink im Holl-Haus ein. Sie zeigten uns ihr Zimmer, schlugen die Decken zurück, setzten sich auf Bett und erwarteten offenbar auf eine Offensive unsererseits. Wir waren in Wirklichkeit geschockt und unfähig das Angebot anzunehmen. Sehr romantisch war das Ganze auch nicht, zum Abendessen sollten wir auch schon gehen, da gingen wir halt. Am nächsten Tag sahen wir „unsere“beiden Mädchen in eine andere Hütte gehen.

Die offizielle Möglichkeit für Kontakte war die Tanzschule. Jeder in unserer Klasse hatte eine Tanzschulfreundin. Sehr selten war dies mit Sex verbunden, da es einfach keine Möglichkeiten dafür gab. Eltern waren in der Regel sehr dagegen wenn Kinder in ihren Zimmern Sex mit einem Partner/Partnerin haben wollten. Ich erinnere mich noch daran, dass meine Mutter hysterisch mit den Fäusten auf meine Zimmertür trommelte, weil ich mich mit einer Freundin eingeschlossen hatte. Da war ich allerdings schon 20 Jahre alt. In den letzten 40 Jahren ist diesbezüglich alles anders geworden. Ich hatte später eine dänische Freundin; sie zeigte mir Aufklärungsmaterial, das in dänischen Schulen verwendet wurde. In Zeichnungen und Fotos wurde auf sexuelle Intimitäten zwischen den Geschlechtern und auch darauf, was für Burschen und Mädchen befriedigender sei, eingegangen. In Österreich hatten wir zu dieser Zeit den „Sexkoffer“, in dem man nach meiner Meinung alles verstecken konnte, worüber man nicht reden wollte.

Nachwort

Der Zeitpunkt des Internatseintritts bedeutete gleichzeitig die Trennung von meinem Bruder, der die Unterstufe der Mittelschule im Internat in Bad Ischl verbringen musste. Während ich jedes Wochenende nach Hause gehen konnte, war das meinem Bruder Helmut nicht möglich. Er war in dem Internat der Neulandschule, das damals quasi unter Leitung, besser gesagt unter der Herrschaft eines katholischen, ehemals der NSDAP nahestehenden autoritären Heimleiters stand, quasi „interniert"; er war nur zu langen Feiertagen und Ferien bei der Familie. Meine Eltern haben die Schrecken und Grausamkeiten des dortigen Internatslebens weder vorausgesehen noch wahrgenommen, da die Briefe der Kinder zensuriert wurden und da sie sich die unmenschlichen Vorkommnisse nicht vorstellen konnten (z. B. als Strafen: nächtliches Knien im Badezimmer, Schlagen mit nassen Fetzen, damit man die Schlagspuren nicht sieht, lange Märsche ohne Trinken und Essen etc.). Mein Bruder war damals erst zehn Jahre alt und hat diese Situation nur schwer und mit Einbußen verkraftet. Die Situation hat sich etwas verbessert, als ein Vater, dessen Kind mit einem Skistock durch einen Schlag der Arm gebrochen wurde, Anzeige erstattete. Dem Gerichtsurteil nach dufte der Heimleiter die Anstalt nicht mehr betreten. Die Situation hat sich auch für meinen Bruder danach etwas verbessert.

Ein ehemaliger Schüler des von mir besuchten Internats in Wien, Michael Amon, hat ein Buch über seine dortige Schulzeit geschrieben („Fromme Begierden", Klever Verlag, 2011). Einige meiner Bekannten, denen ich das Buch zum Lesen weitergegeben habe, haben die Lektüre abgebrochen, weil sie die geschilderten Ereignisse als zu schrecklich empfanden. Ich selbst fand, dass die Realität, wie ich sie erlebt habe, noch schlimmer war (allerdings war ich einige Jahre vor Amon im Internat in Wien, und die Situation soll sich inzwischen sehr verbessert haben). Hätten zur damaligen Zeit mehr und bessere Institutionen zur Kinderbetreuung existiert, die eine frühe Berufstätigkeit meiner Mutter ermöglicht hätten, wäre mir und meinem Bruder das Internat erspart geblieben.

Trotz vieler materieller Einschränkungen und ihrer Hilflosigkeit bei vielen Konflikten mache ich meinen Eltern keine Vorwürfe. Ich konnte meine Schul- und Studienzeit erfolgreich abschließen, und auch was die berufliche Karriere und mein Leben betrifft, kann ich auf positive Erfahrungen zurückblicken. Trotzdem möchte ich darauf hinweisen, dass ich etwa 2 Jahre brauchte um nach der Matura (Reifeprüfung) in das normale Leben zurückzufinden. Das Ganze hätte auch leicht schief gehen können. Mein „richtiges" Leben begann erst 3-4 Jahre nach der Matura mit eigenem Einkommen aus Nebentätigkeiten und der für meine Mobilität wichtigen Anschaffung einer gebrauchten Vespa (Motorroller). Erst danach stellten sich mehr zufriedenstellende Beziehungen und neue Freundschaften ein. Bachmann, Kafka, Musil, Hemingway, Mao, Borchert u. a. wurden gelesen und diskutiert. Ich ging in den Filmclub und in die Kellertheater. Viele meiner Bekannten waren Künstler. Langsam war ich in der Kultur angekommen.

Ich habe meiner Mutter, als sie schon sehr alt war, spannende Geschichten von meinen Reisen in die Südsee (Papua-Neuguinea, Fidschi, Tonga u. a.), USA, Mexiko und Nepal erzählt, die sie mit dem gleichen Interesse gehört hat, wie wir als Kinder ihre Schauergeschichten und Abenteuer. Beim Sterben meines Vaters war ich dankbar, die Möglichkeit gehabt zu haben, bei ihm zu sein und ihm zu sagen, dass er alles richtig gemacht hat im Leben und dass wir ihn lieben. Meine Mutter hat Vater, obwohl sie viele Auseinandersetzungen und Konflikte mit ihm hatte, stets geliebt und nie an ihm gezweifelt.

Mein Sohn Felix hat mich gebeten, einige der Geschichten, die ich ihm erzählt habe, aufzuschreiben, damit sie nicht völlig verlorengehen. Die Zeit, der allgemeine Hintergrund und die Bedingungen des Aufwachsens waren ganz andere als jetzt – manche meiner Episoden mögen vielleicht manchen als Imagination scheinen, für uns Kinder aber war es eine normale, reale Welt.

Zuletzt möchte ich folgenden Personen Danke sagen: Meiner Frau Guiying, meinen Söhnen Felix und Jia Jia sowie Margareta Philipp für den motivierenden Zuspruch meine Kindheitserfahrungen niederzuschreiben; meinem langjährigen Kollegen und Freund Robert Strodl für die technische Hilfe; Hilde Weiss für kritische Durchsicht der Manuskripte und Viktoria Pultz für die Betreuung durch den Verlag.

Abbildungsverzeichnis

Der Autor

Wolfgang Schulz wurde 1940 in Wien geboren und wuchs in der Kriegs- und frühen Nachkriegszeit zunächst auf dem Land auf, bevor er mit der Familie wieder nach Wien übersiedelte und dort die Volksschule besuchte. Die höhere Schulbildung erhielt er in einem Internat. Sein anschließendes Wiener Studium in den Fächern Psychologie und Soziologie schloss er mit Promotion bzw. Habilitation ab. Praktisch war er im Bereich der Alkoholikerberatung tätig und mit der Leitung entsprechender Gruppen betraut. Zusätzlich wurden Untersuchungen zu Marketing für Unternehmungnen und Imageforschungen für politische Parteien durchgeführt. Er wurde zunächst 1978 als Professor an die Universität Bielefeld und später 1981 an die Universität Wien berufen. Neben seiner Hochschultätigkeit – mit dem Schwerpunkt Empirische Sozialforschung – veröffentlichte Wolfgang Schulz zahlreiche wissenschaftliche Schriften. Seine Lieblingsaktivitäten sind Malen, Klettern, Segeln und Reisen. Er ist verheiratet und hat einen Sohn sowie einen Stiefsohn.